LA TÊTE SUR LES ÉPAULES

GRAFISK FORLAG *Copenhague*

GYLDENDAL NORSK FORLAG *Oslo*

EMC CORP. *St. Paul, Minnesota, U.S.A.*

ERNST KLETT VERLAG *Stuttgart*

ESSELTE STUDIUM *Stockholm*

EDIZIONI SCOLASTICHE MONDADORI *Milan*

BORDAS EDITEUR *Paris*

JOHN MURRAY *Londres*

TAMMI *Helsinki*

ASAHI SHUPPANSHA *Tokyo*

WOLTERS/NOORDHOFF *Groningue*

EDITORIAL MAGISTERIO ESPAÑOL, S.A. *Madrid*

GRAFICA EDITÔRA PRIMOR *Rio de Janeiro*

HENRI TROYAT

LA TÊTE SUR LES ÉPAULES

EASY READERS
ER
FACILE A LIRE

Le vocabulaire de ce livre est fondé sur:
Börje Schlyter: Centrala Ordförrådet i Franskan
Günter Nickolaus: Grund- und Aufbauwortschatz Französisch
Georges Gougenheim: Dictionnaire Fondamental
de la Langue Française

REDACTEUR:
Ellis Cruse *Danemark*

Illustrations: Oskar Jørgensen

ISBN Danemark 87-429-7752-5

Imprimé au Danemark par
Grafisk Institut A/S, Copenhague

HENRI TROYAT
(1911-)

Henri Troyat est le pseudonyme de Lev Tarassov. Il est né à Moscou en 1911. Après la Révolution de 1917, sa famille *émigre* en France et s'installe à Paris en 1920.

C'est donc à Paris qu'Henri Troyat fait toutes ses études. Il travaille ensuite dans l'administration, et publie en même temps ses premiers récits en français.

A 24 ans, il reçoit le Prix du roman populiste pour son roman «Faux-jour» et, à 27 ans, le Prix Goncourt pour «L'Araigne».

Ensuite, Henri Troyat s'oriente vers le *roman-fleuve,* où il traite surtout des sujets inspirés par la Russie de son enfance ou par les milieux parisiens des Russes émigrés :

«Tant que la terre durera» (1947-50).

«Les semailles et les moissons» (1952-56).

«La lumière des justes» (1958-62).

En plus des romans, Henri Troyat a écrit des livres de voyage («La case de l'oncle Sam» et «De gratte-ciel en cocotier»). Au théâtre, il a surtout réussi avec «Les vivants» (1940). Plus connus encore ont été ses biographies sur Dostoïevski (1940) et Pouchkine (1946).

A 48 ans, Henri Troyat fut élu à l'Académie française.

émigrer, quitter son pays pour aller vivre dans un autre
roman-fleuve, très long roman en plusieurs volumes

se maquiller
rouge à lèvres

1

– Avoue que tu l'aimes!

Elle haussa les épaules et continua à *se maquiller* devant la glace. Etienne Martin *épiait* les moindres gestes de sa mère.

– Cela ne me gêne pas que tu l'aimes, reprit-il, j'en suis même heureux.

Il attendit des remerciements, un sourire.

– Tu as changé de *rouge à lèvres?* demanda Etienne.

– L'autre me faisait une bouche triste.

– Peut-être . . . Il me plaisait bien . . .

Dès sa plus tendre enfance, Etienne avait aimé assister au maquillage de sa mère.

– A la place de M. Maxime Joubert, je te garderais pour dîner, dit Etienne.

Elle éclata de rire :

M. Maxime Joubert a bien d'autres soucis en tête. Nous nous voyons pour parler affaires . . .

– Et il t'envoie des fleurs!

– Parce que c'est un *galant* homme.

– Parce qu'il te trouve à son goût.

– Tu es *stupide,* Etienne! Je te défends . . .

Il se leva rapidement de sa chaise, prit les mains de sa mère et, la tournant vers lui de force, plongea dans ses yeux un regard *intransigeant* :

– Pourquoi me caches-tu quelque chose? Je ne suis plus un enfant. A dix-huit ans, il me semble que j'ai le

---

épier, observer secrètement
galant, qui cherche à plaire aux femmes par de petites attentions
stupide, qui fait ou dit des choses peu intelligentes
intransigeant, qui ne cède pas

droit de savoir quelles sont tes intentions exactes pour l'avenir. Je pourrais te conseiller, t'aider . . . Est-il vraiment *indispensable* que tu partes pour Lyon?

– Mais, oui, Etienne. M. Joubert a eu la gentillesse de m'introduire auprès de la Société des tissus Alfar. Si cette maison consent à travailler avec moi, ce sera le succès, la fortune . . .

– Et tu partiras quand?

– Dans deux jours, sans doute. M. Joubert me dira, ce soir, la date et l'heure du *rendez-vous* qu'il a pris pour moi.

– Bien entendu, il t'accompagnera!

Elle rougit :

– Mais non, quelle idée! Je ne *me fâche* pas, mais tu me gênes par tes questions. Tu oublies un peu trop que . . .

– Que tu es ma mère et que je te dois le respect? s'écria-t-il gaiement.

Et, soudain, d'une manière *inattendue,* ils éclatèrent de rire. Il l'embrassa sur les joues, dans le cou, et elle se défendait :

– Voilà! . . . *C'est du propre!* . . . Tu me mets en retard . . .

– Ne t'occupe de rien, dit-il. Je rangerai. Va, va vite . . .

Déjà, elle poussait la porte de la salle de bains et se glissait dans l'entrée fraîche et sombre. Derrière la porte du salon - salle à manger, une machine à coudre rompait le silence. Une voix de femme cria :

---

indispensable, tout à fait nécessaire
rendez-vous, décision de se rencontrer à une heure et à un endroit fixés à l'avance
se fâcher, se mettre en colère
inattendu, dont on ne s'attend pas
c'est du propre, expression voulant dire : ce n'est pas bien

– Vous sortez, madame Marion?

– Oui, Suzanne. Ne vous occupez pas de moi. Nous déciderons demain pour la robe . . .

Et, tournée vers son fils, elle ajouta à voix basse :

– Je ne veux pas la voir, j'en aurais pour une heure. Elle est si *bavarde!* Que vas-tu faire en m'attendant?

– Lire.

– Lire? Toujours lire! *Incorrigible* philosophe!

Il soupira, sans tristesse, et pénétra dans sa chambre, qu'il retrouvait toujours avec plaisir. Il y avait des livres sur une *étagère,* sous l'armoire, sous le lit, partout. Etienne

étagère

prit sur la table une mince *brochure.* C'était le *palmarès* de la dernière distribution des prix. Il l'ouvrit et tourna quelques pages : *Prix d'excellence* : Martin (Etienne) . . . Premier prix de philosophie : Martin (Etienne) . . . Premier prix d'histoire et géographie : Martin (Etienne) . . .

Un sourire lui vint aux lèvres. Il se sentait vraiment le premier. En tout. Rien ne saurait lui résister quand il

---

bavard, qui parle beaucoup
incorrigible, se dit d'une personne que l'on ne peut pas changer, transformer
brochure, petit ouvrage, composé de peu de pages
palmarès, liste où sont inscrits les bons résultats des élèves à la fin de l'année scolaire
prix d'excellence, prix obtenu par le meilleur élève de la classe

entrerait dans le monde des hommes. Il passa une main sur ses joues, où la barbe commençait à pousser. La glace de l'armoire lui renvoyait l'image d'un grand garçon maigre, aux cheveux blonds, à la bouche large d'*orateur*. Il ne ressemblait pas à sa mère. Et à qui donc? A Louis Martin? Marion prétendait que non. Mais Etienne la soupçonnait de n'être pas *sincère* :

«Qu'est-ce que ça peut lui faire que je ressemble à mon père? Le déteste-t-elle *à ce point?* Elle en aurait le droit après ce qu'elle a souffert par sa faute. Moi-même, d'ailleurs, je le déteste. Je le déteste et je le plains. Pauvre idiot!» Il répéta *à mi-voix,* avec une sorte de rage :

– Pauvre idiot!

Ayant été, depuis sa première enfance, éloigné de son père, Etienne éprouvait de la peine à croire que ce personnage eût existé réellement.

Etienne s'assit sur son lit, et s'engagea dans la lecture de *Jean-Jacques Rousseau.* Au bout d'un long moment, le téléphone sonna. «C'est Marion qui m'appelle. Elle ne rentrera pas pour le dîner.» Un *pressentiment* le poussait vers l'entrée. Il répondit.

– Allô! Etienne Martin? Ici, Palaiseau.

Bernard Palaiseau était un camarade de classe, dont la *fréquentation* ne présentait pas le moindre intérêt. Pourtant, aujourd'hui, Etienne fut heureux d'entendre une voix *amicale* :

---

orateur, celui qui parle à des gens réunis pour l'écouter
sincère, qui dit ce qu'il pense
à ce point, à un tel degré
à mi-voix, à voix basse
Jean-Jacques Rousseau, auteur et philosophe français du XVIIIe siècle
pressentiment, le fait de penser, sans raison, que qc va se produire
fréquentation, l'action de rechercher la compagnie de qn
amical, qui est celui d'un ami

– Qu'est-ce que tu fais, ces jours-ci? demandait Palaiseau.

– Rien de spécial, dit Etienne. Et toi? Je croyais que tu devais quitter Paris pour les vacances . . .

– Changement de programme. Mon père n'a pas d'argent en ce moment. On pourrait peut-être se voir?

– Si tu veux.

– Quand?

Etienne calcula que, dans deux jours, Marion serait partie pour Lyon. D'ici là, il ne voulait pas disposer de son temps.

– Jeudi, répondit-il, je serai libre.

– Je passerai te prendre le matin, de bonne heure. On fera un tour, en *vélo*.

– D'accord.

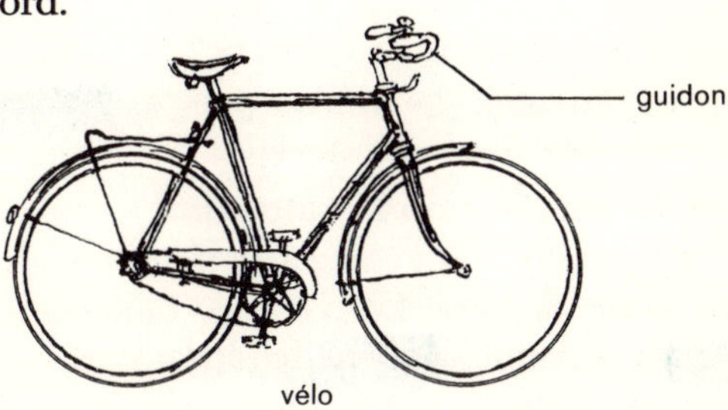

vélo

Il reposa le téléphone et entra dans la salle à manger. Il avait promis à sa mère de mettre le couvert pour le dîner. Mlle Suzanne, son travail fini, avait quitté la maison. Etienne mit une *nappe,* et plaça deux assiettes l'une en face de l'autre. Un jour, peut-être, y aurait-il trois assiettes, trois couverts, sur cette même table? «Mais non. M. Joubert est riche. Nous irons habiter chez lui.» A peine eut-il fait cette supposition, qu'il la

nappe, linge que l'on met sur la table

regretta : «Elle ira, si elle veut. Pas moi. J'ai mon mot à dire.» Pendant que ses mains travaillaient, il pensait à l'avenir : «Si elle revient avant huit heures, c'est qu'elle ne l'épousera pas. Si elle revient après huit heures . . .»

La *pendule* de la cheminée sonna huit heures. Peu de

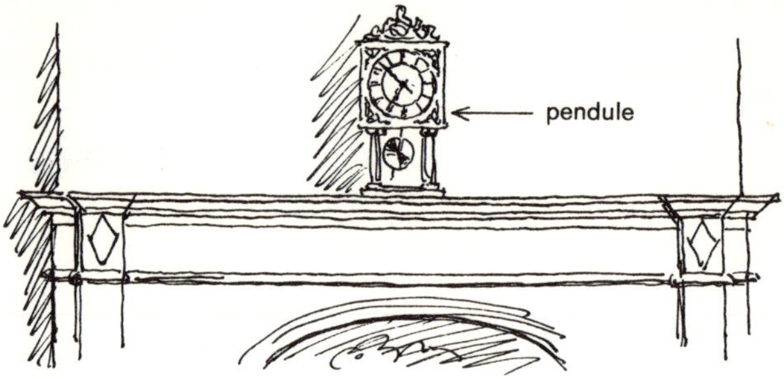

temps après, une clé tourna dans la *serrure.* Etienne courut dans l'entrée. Marion dit :

– Je ne t'ai pas trop fait attendre?

Il ne répondit pas et concentra toute son attention sur le visage de sa mère. Les yeux, la bouche, trois points de joie. Il eut mal et baissa la tête.

– Eh bien, dit-il, quand pars-tu?

– Demain soir.

– Par le train?

– Mais oui . . . M. Joubert est sûr que je réussirai à traiter avec ces messieurs. Dans ce cas, je prendrai deux ouvrières de plus . . .

Elle parlait et il la laissait dire, touchant son épaule, respirant son parfum, regardant son front, ses cheveux.

---

serrure, trou dans la porte où l'on met la clé

Questions

1. Les rapports entre Etienne et Marion vous semblent-ils des rapports normaux de fils à mère?
2. A quels signes voit-on qu'Etienne se prend pour un être supérieur?
3. Pourquoi Etienne est-il content d'entendre la voix de Bernard Palaiseau?

2

Le jeudi, dans la matinée, deux coups de *sonnette* : c'était le *courrier*. Etienne ouvrit la porte. La *concierge* se tenait sur le seuil, un paquet d'enveloppes à la main.

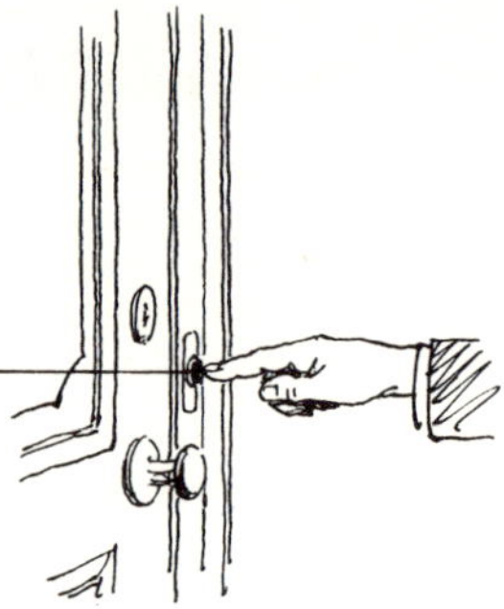

Etienne prit les lettres et rentra dans sa chambre, où Bernard Palaiseau l'attendait, assis dans un fauteuil. Ses chaussures en cuir jaune brillaient.

– Tu as de belles chaussures, dit Etienne.

– Je les ai *chipées* à mon père.

– Oui . . . Bien sûr . . .

Tout en parlant, Etienne glissait les enveloppes d'une main dans l'autre pour voir à qui elles étaient destinées.

– Elles sont pour toi, toutes ces lettres? demanda Palaiseau.

– Oh! non. Pour ma mère.

Soudain, le regard d'Etienne s'arrêta sur une enveloppe, venant d'Agadir Maroc. Elle portait son nom.

---

courrier, ensemble des lettres qu'on reçoit ou qu'on envoie
concierge, personne qui garde une maison
chiper, prendre (pop.)

– Alors? dit Palaiseau. On part? Il est déjà dix heures. Si tu veux rouler dans le *Bois,* il faut *se dépêcher.*

– Attends un peu, dit Etienne.

Il ouvrit la lettre, dont l'*écriture* lui était inconnue :

«Monsieur,

Je ne vous connais pas, mais le sort a voulu que nous ayons un grand *deuil* en commun. Je suis la seconde femme de votre père. Après sa mort, j'ai fait une demande officielle au *greffe,* et, en ma qualité de *veuve,* ces messieurs m'ont remis les objets personnels et sans valeur qui avaient été enlevés à Louis Martin. Peu de chose, bien sûr, mais mieux que rien. Je les ai conservés précieusement jusqu'à ce jour. Maintenant, je suis très malade et, comme je n'en ai plus pour longtemps à vivre, je veux mettre mes affaires en ordre. Mon mari m'avait souvent parlé de vous. Plusieurs fois, il a voulu vous revoir à l'époque où ça allait mal pour lui. Mais vous n'étiez qu'un tout petit garçon encore et votre mère s'est opposée à son projet. Je ne la juge pas. Elle avait ses raisons. Cependant, j'ai pensé bien faire en vous envoyant, par la poste, les quelques souvenirs de notre cher disparu qui sont en ma possession. Vous recevrez le paquet séparément. J'espère qu'il vous fera plaisir. Et c'est dans cette pensée que je signe.

Veuve Louis Martin»

Bois, ici : Bois de Boulogne, grand parc dans Paris
se dépêcher, se presser; faire plus vite
écriture, façon personnelle de former les lettres d'un mot
deuil, douleur causée par la mort d'une personne qu'on aime
greffe, bureau administratif de justice
veuve, femme qui a perdu son mari

– Rien de grave? demanda Palaiseau.

– Non, dit Etienne, enfin je ne crois pas . . . des histoires de famille.

Il relut la lettre attentivement. L'idée de recevoir des objets ayant appartenu à son père ne lui fit que moyennement plaisir. Sans doute s'agissait-il d'un porte-monnaie ou d'une pipe, que la police avait trouvé sur le corps de Louis Martin, après son accident. Aucune importance. Etienne prit l'enveloppe, regarda le timbre : Agadir . . . Il imagina des sables, des *palmiers*, des

maisons blanches, et aussi une femme âgée, un peu ordinaire, qui écrivait en essuyant de grosses larmes. Un peu de pitié se glissa dans son cœur.

– Dépêche-toi, dit Palaiseau.

Etienne mit la lettre dans la poche de sa veste et poussa son camarade vers la porte.

Ils roulèrent longtemps, côte à côte, dans les allées vertes qui sentaient la poussière. Parfois, une automobile les dépassait, et Bernard Palaiseau criait : *«Salaud!»* ou *«Capitaliste!»* Etienne riait pour faire plaisir à son camarade. Mais, au fond, il ne s'amusait pas. Penché sur son *guidon*, la tête rentrée dans les épaules, il pensait

salaud, personne sans valeur morale (pop.)
capitaliste, personne riche (ici : sens pop.)
guidon, voir illustration page 11

sans arrêt à Marion, à Maxime Joubert, à la lettre, et il se sentait gagné par l'*amertume*. Pour réagir contre cette tristesse, il força l'allure et prit de l'avance sur son camarade. Derrière lui, il entendait Palaiseau qui criait :

– Attends-moi! Tu vas trop vite . . . Tu as un vélo plus rapide que le mien . . . Ce n'est pas juste!

Quand Etienne s'arrêta enfin, à bout de souffle, dans un petit chemin, Bernard Palaiseau avait disparu. Etienne appuya son vélo contre un arbre et s'étendit dans l'herbe pour reprendre sa respiration. Il était couché sur le dos, les mains croisées derrière la tête. Sous sa chemise mouillée de transpiration, il sentait le froid de la terre. «C'est drôle, pensa-t-il, que cette femme m'écrive ainsi sans me connaître, et m'envoie des objets que je n'ai pas demandés. Marion a tort de ne jamais me parler de mon père. Quelle que soit sa *rancune* envers Louis Martin, elle devrait se rappeler que je suis son fils et que j'ai le droit d'être informé. Je ne possède même pas une photographie de lui à la maison, pas une lettre. Elle a tout brûlé.»

Fermant à demi les yeux, il essaya d'*évoquer* les souvenirs de l'homme dont il portait le nom. Quelques rares images, toujours les mêmes, répondaient à l'appel de sa mémoire : son père le soulevant dans ses bras, la veille de Noël, pour lui montrer la *vitrine* d'un grand magasin, pleine de jouets. Autour d'eux, des *gosses* criant.

---

amertume, sentiment de regret
rancune, sentiment que l'on a vers une personne qui vous a fait du mal
évoquer, faire venir à l'esprit
vitrine, voir illustration page 18
gosse, enfant (pop.)

vitrine
METRO

Etienne ne voulant plus descendre. Sa mère se fâchant. Son père disant : «Laisse donc, Marion, je ne suis pas fatigué . . .» Une autre fois lui apprenant à *bourrer* une pipe. Aucune ne le montrait comme un méchant homme. Que s'était-il passé entre lui et Marion? Chaque fois qu'Etienne avait tenté d'interroger sa mère sur les premières années de son mariage, sur son *divorce,* le départ et la mort de Louis Martin, elle avait évité de répondre à ses questions.

Etienne se rappelait vaguement les disputes entre ses parents, puis, c'était le silence, le vide. On changeait de quartier, d'appartement. Une machine à coudre apparaissait dans la maison. Il n'y avait plus de vêtements d'homme dans les armoires. Marion reprenait son *nom de jeune fille* et devenait Mme Loiselet. C'était la fin d'une époque. Etienne s'étonnait encore d'avoir si peu souffert de ces *bouleversements.* S'il y pensait aujord'hui, c'était à cause de la lettre qu'il avait reçue. Et aussi, bien sûr, parce que Marion songeait à se remarier. Pourquoi pas Maxime Joubert? «Si j'avais aimé mon père, si j'avais respecté sa mémoire, une telle idée m'eût *révolté.* Mais il nous a abandonnés. Il a fait le malheur de Marion. Qu'il soit mort, cela ne change rien . . .» Il imagina un vélo écrasé contre un arbre. Une masse humaine, couverte de sang, étendue sur la route.

Soudain, la sonnette d'une bicyclette le ramena à la réalité.

– Hé! je suis ici, cria Etienne.

---

bourrer, remplir le plus possible
divorce, action de rompre un mariage
nom de jeune fille, nom d'une femme avant son mariage
bouleversement, changement soudain et brutal
révolter, mettre en une grande colère

Bernard Palaiseau jeta son vélo dans l'herbe :

– Toi, alors! . . . C'est quelque chose! . . .

Il parlait avec effort, sa figure était marquée par la fatigue. Il tira un mouchoir de sa poche et le posa sur son visage brûlant.

– Tu vas avoir encore plus chaud comme ça, dit Etienne.

– Pas du tout, dit Palaiseau. Ça repose. Il me faut du temps pour me remettre.

– Si tu avais eu un bon vélo, tu m'aurais suivi . . .

– Non. Je n'ai pas ta force.

Etienne rougit de plaisir et *murmura* pour dire quelque chose :

– Je n'en sais rien. On est comme on est . . .

– J'ai beaucoup parlé de toi à mes parents, continua Palaiseau. Un jour, tu viendras à la maison, je te présenterai . . .

– Que font-ils, tes parents? demanda Etienne.

– Mon père est ingénieur. C'est un type *formidable*. Nous nous entendons très bien. Le dimanche matin, nous jouons au *billard* ensemble.

Quand ses camarades lui parlaient de leur père, Etienne se sentait gêné, inférieur. Il lui semblait que quelque chose manquait à sa vie, une voix forte, une autorité d'homme mûr. Son milieu à lui était uniquement féminin et doux. Une fois de plus, il regretta le divorce de ses parents, la mort stupide de ce père qu'il avait mal connu.

– Moi, mon père est mort, dit-il.

– Je sais, dit Palaiseau.

---

murmurer, parler à voix basse, entre les dents
formidable, très bien, très sympathique

billard

Etienne s'imagina M. Palaiseau jouant au billard avec son fils.

– Et ta mère s'occupe de couture? reprit Palaiseau. Ce doit être intéressant.

– Erreur, dit Etienne d'un ton grave. Certaines clientes ne paient pas. Si tu savais comme j'ai hâte de gagner ma vie!

– Tu veux toujours être *avocat?*

– Oui.

– Plus tard, si je suis obligé de faire un *procès,* c'est toi que je choisirai pour me défendre.

– Pourquoi?

– Parce que j'ai confiance en toi, dit Palaiseau.

Etienne se mit à rire pour cacher sa gêne :

---

avocat, celui qui défend les personnes devant la justice
procès, affaire que l'on porte devant un juge

– Tu as confiance en moi?

– Bien sûr, dit Palaiseau. Tout ce que tu *entreprends,* tu le réussis. Et puis, tu as une belle *gueule!*

– Tu exagères!

– Non, mon vieux, je t'assure que tu es très beau. Tu auras toutes les filles que tu voudras. C'est important, dans une carrière. On arrive par les femmes. A qui ressembles-tu, à ton père ou à ta mère?

– Je ne sais pas, dit Etienne.

Il hésita un peu et ajouta :

– A mon père . . .

Un silence se fit entre eux, et Etienne songea que Palaiseau lui était à la fois insupportable et sympathique. «Il m'aime plus que je ne l'aime. Il m'admire. Et moi, je ne peux pas admirer. Suis-je vraiment un être supérieur? Oh, oui! Je les étonnerai tous. Je forcerai le *destin.* On parlera de moi . . .»

Soudain, il en avait assez de cette conversation.

– On rentre? dit-il.

– Si tu veux. Je suis heureux que nous soyons devenus des amis, dit Palaiseau.

Ils prirent leurs vélos. Palaiseau posa une main sur l'épaule d'Etienne, et ils roulèrent longtemps ainsi, l'un près de l'autre, sans échanger un mot.

Rentré chez lui, Etienne déjeuna avec Mlle Suzanne, l'ouvrière de Marion, qui, en son absence, avait accepté de faire la cuisine et de prendre ses repas à la maison. Quand Etienne se leva de table, il se sentit lourd et fatigué. Il s'enferma dans sa chambre, s'étendit sur son

---

entreprendre, commencer à faire qc
gueule, visage (pop.)
destin, tout ce qui arrive et doit arriver à chacun

lit et tira de sa poche la lettre d'Agadir. Le texte mal écrit dansait devant ses yeux.

Le paquet arriva au courrier du soir. Il contenait une vieille *montre,* un portefeuille et des *boutons de manchettes.*

Questions

1. Etienne est-il vraiment ému par la lettre qu'il reçoit de la veuve de son père?
2. En quoi cette lettre change-t-elle le sens de sa promenade avec Palaiseau?
3. Quels sentiments Etienne éprouve-t-il à l'égard de ceux de ses camarades qui ont un père?
4. Les souvenirs qu'Etienne garde de son père jouent-ils un grand rôle dans sa vie?
5. Les objets contenus dans le paquet vous surprennent-ils?

3

Etienne posa la valise dans l'entrée, ouvrit la porte de la salle à manger et dit :

– Je t'ai préparé un petit repas froid, à tout hasard.

Il poussa sa mère dans la salle à manger brillamment éclairée. Deux couverts. De la viande froide. Des fruits. Au centre de la table, Etienne avait disposé six roses rouges dans un vase. Marion vit les fleurs et tourna vers son fils un regard ému :

– C'est toi?

– Oui.

– Oh! Etienne, il ne fallait pas! . . .

– Tais-toi et mange.

Elle s'assit sur une chaise, cueillit quelques grains de *raisin* dans la *coupe de fruits*. Elle avait l'air fatiguée. Ses

coupe de fruits

raisin

lèvres étaient pâles, sans rouge. Elle demanda :

– Pas de courrier?

– Si, dit-il. Je l'ai mis dans ta chambre.

– Bien. Et toi, qu'as-tu fait pendant ces deux jours?

– Rien d'intéressant. J'ai *bouquiné*. J'ai vu un *copain* . . .

---

bouquiner, lire (pop.)
copain, camarade (pop.)

Il hésita une seconde et tira de sa poche la lettre qu'il avait reçue en l'absence de Marion.

– Tiens, dit-il. Lis ça. C'est une drôle d'histoire!

Elle prit le papier qu'il lui tendait et le parcourut du regard. Dès les premières lignes, une petite *ride* se creusa entre ses *sourcils*. Elle murmura :

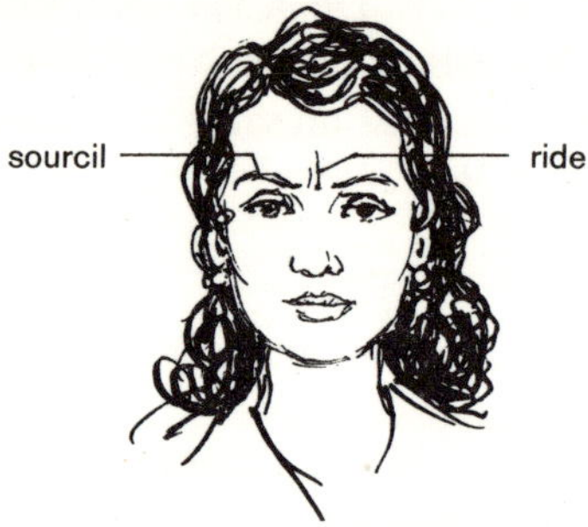

– Cette femme est folle!

– Elle a cru bien faire, dit Etienne. Sa lettre n'est peut-être pas très bien écrite, mais elle part d'un bon sentiment.

Marion ne l'écoutait pas et poursuivait son idée :

– Folle! Folle! De quel droit vient-elle t'écrire, te déranger?

– Elle ne me dérange pas . . .

– Si, Etienne. Elle te dérange, elle nous dérange! Et elle le sait. Ce paquet . . . ce paquet dont elle te parle, l'as-tu seulement reçu?

– Oui, dit-il. Des boutons de manchettes, un portefeuille, une montre. Tu veux les voir?

Elle eut un *haut-le-corps*. Le papier se mit à trembler

---

haut-le-corps, brusque mouvement du corps, marquant de la surprise ou de l'angoisse

entre ses mains. La colère, le *dégoût raidissaient* son visage. Etienne eut peur de l'effet que ces quelques mots avaient produit sur Marion. Sans doute eût-il mieux valu attendre le lendemain pour lui parler de la lettre. Mais pouvait-il prévoir que la réaction de sa mère serait si violente? Après un long silence, elle dit d'une voix étouffée :

– Qu'as tu fait de ces objets?

– Je les ai mis dans le *tiroir* de ma table.

tiroir

– Tu n'aurais pas dû accepter le paquet, murmura-t-elle en lançant la lettre sur son assiette. Tu n'aurais pas dû . . .

Il ne la comprenait pas.

– Voyons, Marion, ne *dramatise* pas la situation. Je me serais fort bien passé de ces souvenirs. Mais maintenant qu'ils sont là . . .

– Tu devrais les jeter, Etienne.

– Pourquoi? Parce qu'ils ont appartenu à mon père?

– Oui.

– C'est ridicule! dit-il en croisant les bras sur sa poitrine. Si un jugement de divorce a suffi pour que tu ne sois plus la femme de Louis Martin, rien ne peut m'empêcher, moi, d'être son fils. Que je le veuille ou non, j'ai cette qualité, je porte son nom. Comment, dans

---

dégoût, ici : haine et horreur
raidir, devenir dur
dramatiser, accorder une importance exagérée

ces conditions, pourrais-je oublier qu'il a existé? Je ne te dis pas que je l'aime. Mais il m'*intrigue*. Or, je ne sais presque rien de ce que fut sa vie. La lettre parle de greffe, d'époque difficile. Qu'est-ce que cela signifie?

Marion s'était levée et marchait dans la pièce, les mains serrées, l'une contre l'autre.

– Tu vois, reprit-il, tu l'ignores toi-même. Ou tu *feins* de l'ignorer. D'ailleurs, c'est bien simple, chaque fois que je *fais allusion à* mon père, tu évites le sujet . . .

Elle s'arrêta et redressa la tête. La ride de son front s'était creusée plus profondément encore.

– Ton père est sorti de notre vie, de ta vie, dit-elle. Il faut aussi qu'il sorte de ta mémoire. C'est volontairement que j'ai détruit tout ce qui pouvait te le rappeler : les photographies, les lettres . . .

Etienne était *stupéfait* par les paroles de sa mère. Tant d'injustice lui donnait tout à coup l'envie de prendre le parti du mort. Il s'écria :

– Tu as même poussé jusqu'à l'empêcher de me revoir! Il était sur le point de mourir. Il voulait me rencontrer. Cette femme le dit dans sa lettre.

– Je ne le *nie* pas.

– Pourquoi as-tu fait cela?

– Pour ton bien.

– C'est une mauvaise excuse, Marion. Tu n'avais pas le droit! Toi si généreuse, si douce! Tu me fais peur . . .

Elle fit un pas vers lui, et il s'étonna de la voir si pâle.

---

intriguer, exciter la curiosité
feindre, faire semblant; faire comme si . . .
faire allusion à, parler de qn ou de qc d'une manière vague
stupéfait, fortement surpris
nier, dire le contraire

– Marion! Marion! dit-il avec un sentiment de crainte. Qu'as-tu? Tu me caches quelque chose. Explique-toi. J'ai besoin de savoir.

– Quoi? Que veux-tu savoir? demanda-t-elle. Qui il était? Comment il vivait? Pourquoi je me suis opposée à cette rencontre?

Un trait nerveux agitait ses lèvres.

– Un sale individu, reprit-elle d'une voix *aiguë.* Et toi, mon pauvre Etienne, tu t'intéresses à lui. Tu me fais des reproches, parce que je ne te parle pas assez de lui. Et tu es reconnaissant envers cette *créature* qui t'envoie quelques souvenirs de Louis Martin!

Il *balbutia* :

– Tu as tort de t'exprimer ainsi, maman. Il est mort ...

Elle rejeta la tête en arrière :

– Oui, mort, mais pas dans un accident, Etienne. Ton père ... ton père a été exécuté ...

Elle se tut, comme effrayée par ses propres paroles. Il la regardait sans comprendre. Il répéta :

– Exécuté?

Marion baissa les yeux :

– Jugé et exécuté.

– Quand?

– Le 13 juin 1945.

Le corps d'Etienne devenait lourd. Sa tête était vide. Le silence se prolongeait. Marion porta une main à son front et murmura :

– *Mon chéri,* j'aurais voulu pouvoir te cacher la vérité,

---

aigu, se dit d'un son qui donne impression de percer l'oreille
créature, ici : femme pour qui on a du mépris
balbutier, prononcer mal, avec hésitation
mon chéri, mon tendrement aimé

longtemps, très longtemps. Mais, un jour ou l'autre, tu aurais tout appris par un étranger. Le choc aurait été, pour toi, plus douloureux encore. Cette lettre idiote ... ce paquet ... ton *entêtement* ... Je me suis inquiétée ... Dis-moi que je n'ai pas eu tort de te parler comme je viens de le faire?

– Pourquoi l'ont-ils jugé? demanda Etienne.

Elle le regardait avec crainte :

– Que te dirai-je, mon petit? *chuchota*-t-elle. L'homme que les juges ont condamné n'avait plus rien de commun avec celui que nous avons connu. Tant qu'il a vécu avec nous, je n'ai eu à lui reprocher que sa violence, sa *paresse,* ses *infidélités*. Mais, après nous avoir quittés, il est devenu quelqu'un ...

Elle reprit sa respiration, ferma les yeux et ajouta dans un souffle :

– Quelqu'un d'horrible.

Il y eut encore un long silence. Et, tout à coup, Etienne poussa un cri :

– Quoi? Qu'a-t-il fait?

– Il a tué, dit-elle.

Il sentit que son cœur s'arrêtait de battre, puis repartait follement, jetait du sang partout, dans sa tête, dans son cou, dans ses oreilles. Une impression de chaleur et d'étouffement l'*envahit*. Au bout d'un moment, il entendit une voix – était-ce la sienne? – qui disait :

– Qui a-t-il tué?

Sa mère laissa retomber ses bras le long de son corps :

---

entêtement, le fait d'insister pendant longtemps; idée fixe
chuchoter, parler à voix basse
paresse, défaut d'une personne qui n'aime ni le travail ni l'effort
infidélité, ici : le fait de tromper sa femme
envahir, gagner

– C'est difficile . . . Cela fait mal . . . Tu sais qu'après notre divorce ton père s'était installé à *Cauterets* . . . Il connaissait bien la région, puisqu'il y avait vécu pendant toute sa jeunesse . . . Il avait ouvert là un cinéma, une *buvette* . . . C'était du temps de l'occupation . . . Des gens venaient le trouver pour lui demander de les aider à passer en Espagne : des *résistants,* des *Juifs* . . . Il les conduisait, de nuit, jusqu'à la *frontière* . . . Il en a tué plusieurs comme ça . . . .

– Mais pourquoi? *gémit*-il. Il travaillait donc pour la Gestapo?

– Il ne travaillait que pour lui, Etienne. Ce qui l'intéressait, c'était l'argent que ces malheureux emportaient dans leur fuite. A ses voisins, il disait qu'il était obligé de s'absenter souvent pour affaires. Tout le monde l'aimait bien. On racontait qu'il était dans la Résistance.

– Comment a-t-on découvert . . . ?

– Après *la Libération,* les parents des victimes ont fait des recherches. Des témoins sont apparus, un peu partout. On a arrêté ton père, on l'a jugé . . .

– Et il a avoué?

– Oui.

Etienne s'assit sur une chaise. Un grand vide l'entoura soudain. Il n'était plus sur terre. Il tombait, il volait, il changeait de visage, de nom, de destin. Avec effort, il murmura :

Cauterets, village des Pyrénées, proche de l'Espagne
buvette, petit bar
résistant, membre des organisations s'opposant à l'ennemi pendant la seconde guerre mondiale
Juif, personne de religion israélite
frontière, limite entre deux pays
gémir, se plaindre faiblement
la Libération, fin de la seconde guerre mondiale

– Comme tu as dû souffrir, maman!
– Laisse, dit-elle. Ce n'est rien. C'est passé ...
– On en a parlé dans les journaux, bien sûr?
– Oui, Etienne.
– Tout le monde sait donc que je suis le fils de cet homme?
Elle sourit :
– Rassure-toi, mon chéri. Le nom des Martin est si répandu, que personne n'y a pensé. Nous avions *déménagé*. Je vivais seule avec toi, depuis près de six ans. Le procès a eu lieu à *Tarbes*. C'est loin, la province! Les gens de Paris n'ont pris aucun intérêt à l'affaire.
– Pourtant, mon père et toi, vous aviez bien des amis communs?
– Je les ai perdus de vue.
– Ils n'ont pas essayé de te revoir, à ce moment-là?
– Non.
Il hésita à se laisser convaincre :
– Ainsi, d'après toi, personne n'est au courant?
– Personne.
– La concierge? ... Mes professeurs? ...
– Mais non, Etienne ... Comment pourraient-ils savoir?
Il passa ses doigts tremblants dans ses cheveux :
– Tu aurais dû me prévenir plus tôt. Je suis le principal intéressé. Et j'ignorais tout, tout ... Je me laissais vivre ...
Elle s'approcha de lui, se plaça derrière la chaise et lui passa la main dans les cheveux :
– Tu étais un enfant, un tout petit enfant ...

---

déménager, le fait d'aller habiter une autre maison
Tarbes, ville importante dans les Pyrénées

– J'avais douze ans, treize ans . . .

– Justement. Je ne pouvais pas encore me confier à toi, te charger d'une peine si lourde . . . Rappelle-toi : à cette époque, je t'ai changé de lycée, pour plus de *sûreté* . . . Je mettais mon honneur à ne rien laisser paraître, devant toi, de mon inquiétude . . . Et ainsi pendant des années, des années . . .

– Si je n'avais pas reçu cette lettre, tu ne m'aurais donc rien dit?

– Bien sûr que si! . . .

– Quand?

Elle se troubla :

– Je ne sais pas . . . Un peu plus tard . . . A la premiere occasion . . . Depuis quelque temps déjà, j'avais résolu de te mettre au courant . . . Mais, chaque fois, au moment de parler, je manquais de courage . . .

Sa voix tomba à la fin de la phrase. Elle appuya une main sur sa poitrine. Il demanda :

– Ces objets qu'on m'a envoyés sont donc ceux qui étaient restés au greffe de la prison?

– Sans doute.

Il regardait *obstinément* le bouquet de roses dans son vase. Ces fleurs appartenaient à une autre époque. Elles avaient été offertes à une autre femme que Marion, par un autre homme qu'Etienne.

– Etienne, s'écria-t-elle, je ne peux pas te voir ainsi, abattu, malheureux! Je t'ai fait mal, mon chéri. Mais il le fallait. Pardonne moi surtout de ne plus penser à toutes ces horreurs . . .

Elle penchait vers lui une figure si *bouleversée,* qu'il dit :

---

sûreté, ici : abri du danger
obstinément, ici : sans bouger le regard
bouleverser, ici : causer une émotion violente

– Mais oui, maman. Ne t'en fais pas pour moi. Après tout, je l'ai si peu connu . . . .

– N'est-ce pas? dit-elle, sur un ton d'espoir. Effaçons tout. Oublions tout. Rien que nous deux . . .

Elle pressait la tête de son fils contre son ventre, le *berçait,* le couvrait de chaleur, de larmes, de *baisers.*

Questions

1. Pourquoi Etienne a-t-il préparé le retour de Marion avec tant de soin?
2. Etienne pouvait-il prévoir que la réaction de Marion serait aussi vive?
3. Quand comprend-il les raisons du silence de sa mère?
4. D'après ce que raconte Marion de Louis Martin, que pensez-vous de son attitude à elle, vis-à-vis de son fils?
5. Que pensez-vous de la réaction d'Etienne? vous semble-t-elle sympathique?

---

bercer, balancer un bébé d'un mouvement doux et régulier
baiser, l'action d'embrasser qn

Etienne était encore dans son lit quand le téléphone sonna. Rejetant ses couvertures, il sauta sur ses pieds et arriva dans l'entrée, juste à temps pour voir sa mère répondre :

– Laisse, dit-elle, ce doit être pour moi.

Son visage était marqué par l'*insomnie.* Elle dit :

– Mais oui, c'est moi. Vous ne reconnaissez pas ma voix, Maxime? Un excellent voyage, et si utile, grâce à vous! . . .

Etienne se sentit de trop et retourna dans sa chambre. Mais il n'avait plus sommeil. Il poussa les *volets* de fer

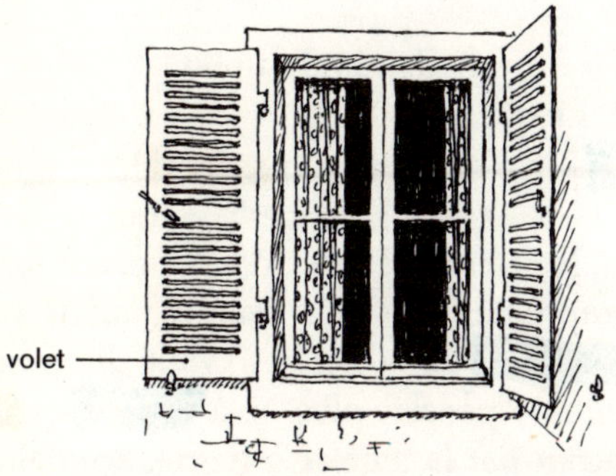

qui s'ouvrirent sur la lumière du jour. Le *décor,* durant la nuit, avait changé de *sens.* Etienne regarda le palmarès de la distribution des prix, posé *en évidence* sur la table : Prix d'excellence : Martin (Etienne) . . . Une boule dure se formait dans sa poitrine, montait dans sa gorge.

---

insomnie, manque de sommeil
décor, ce que l'on voit autour de soi
sens, ici : ce que signifie une chose
en évidence, de manière à le faire remarquer

La voix de Marion se tut au fond de l'appartement.

Quand il pénétra dans la cuisine, sa mère disposait les tasses du petit déjeuner sur la table. Ils burent leur café, mangèrent leurs *tartines,* l'un en face de l'autre. Marion observait son fils secrètement.

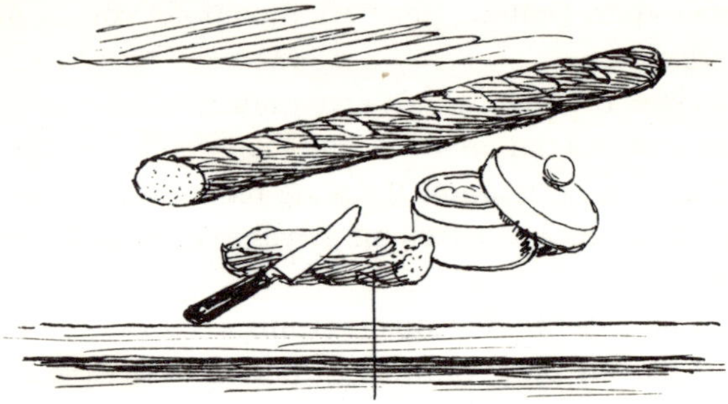

tartine

– As-tu bien dormi? demanda-t-elle.

– Mais oui. Et toi?

Il s'efforçait d'être naturel pour calmer les craintes de Marion.

– Moi aussi. Je crois qu'il fera très chaud, aujourd'hui.

Déjà, il comprenait qu'elle n'oserait jamais revenir sur leur conversation de la veille. Ayant dit ce qu'elle avait à dire, elle ne pensait plus qu'à limiter les *dégâts.*

Le soleil entrait par la fenêtre ouverte. Soudain, Marion posa la main sur celle d'Etienne. Elle rougit, et murmura :

– Etienne . . . Tu ne vas pas me croire . . . Ce matin, je me sens heureuse . . .

– Heureuse?

– Oui. Je ne sais pas comment t'expliquer . . . Tu es là . . . Près de moi . . . Nous parlons . . .

---

dégât, effet d'une catastrophe (ici : fig.)

Elle ferma les yeux, comme pour dominer son émotion, secoua la tête et dit dans un sourire :

– C'est bête ... Ne fais pas attention ... As-tu des projets pour cet après-midi?

Il répondit sans réfléchir :

– J'irai voir Palaiseau.

– C'est un camarade de classe?

– Oui.

– Un garçon bien?

– Très bien. Son père est ingénieur ...

– Tu ne m'as jamais parlé de lui, dit Marion.

– C'est possible. Je passerai le prendre après le déjeuner. Et toi? Tu as rendez-vous avec M. Joubert?

Elle rougit de nouveau :

– A six heures, oui.

Il voulut répondre par une *plaisanterie,* mais se retint. On sonnait à la porte d'entrée : Mlle Suzanne arriva. Marion l'accompagna dans la salle à manger et les deux voix de femme animèrent la maison.

Quand Etienne fut dans sa chambre, devant sa table de travail, son *désœuvrement* lui fit peur. Il reprit le livre de Jean-Jacques Rousseau.

«Je devins triste; je pleurais et je soupirais à propos de rien; je sentais la vie m'échapper sans l'avoir goûtée ...»

Le livre glissa de ses mains sur le plancher. Il écouta les bruits de la maison. Sans arrêt, le téléphone sonna ou des clientes vinrent. Etienne se jeta sur le lit et se boucha les oreilles avec les doigts. La maison était devenue une boutique, un théâtre. Plusieurs fois, Marion pénétra dans la pièce, pour voir ce que faisait son fils. Dès qu'il entendait le pas de sa mère dans l'entrée,

---

plaisanterie, chose dite ou faite dans l'attention de faire rire
désœuvrement, le fait de n'avoir rien à faire

Etienne s'asseyait, prenait un bouquin, feignait de lire. Quand elle était partie, il se recouchait et fermait les yeux.

La salle de lecture de la Bibliothèque Nationale était très éclairée. Autour des tables de travail, les lecteurs étaient assis. Etienne avait pris place entre une jeune fille et un vieux monsieur.

– Et voilà, dit soudain une voix sombre, le FRANCE-SOIR, 1945, que vous m'avez demandé.

Etienne *tressaillit.* Le *gardien* déposait sur la table un lourd bouquin couvert de toile.

– Merci, murmura Etienne.

Le gardien s'éloigna.

Etienne plaça ses deux mains sur le livre. Il hésitait à l'ouvrir. Autour de lui, le silence se creusait. Enfin, d'un mouvement brusque, il souleva la couverture du livre. Il tournait les feuilles avec hâte : 15 avril, 17 avril, 20 avril . . . Soudain, il reçut un coup sur les yeux. Son propre nom lui sautait au visage : Martin! Il regarda ses voisins, à gauche, à droite. Le vieux monsieur lisait. La jeune fille aussi. Tout était calme. Etienne se pencha sur la page imprimée, dont les lignes dansaient devant ses yeux :

«. . . De notre envoyé spécial à Tarbes. Aujourd'hui Louis Martin répond de ses crimes devant la *Cour d'assises . . .*»

Sous ce titre, on voyait la photographie d'un homme mince, nerveux, inquiet. Etienne reconnut son père, et

---

tressaillir, trembler soudainement, sous l'effet de la peur, de la surprise, etc.
gardien, personne qui surveille qn ou qc
Cour d'assises, lieu où l'on rend la justice pour les crimes

la chaleur lui monta aux joues. C'était bien là, trait pour trait, le personnage dont il gardait le souvenir. Celui qui, autrefois, jouait avec son fils, le caressait, l'embrassait, lui parlait d'une voix amicale. Le compagnon de tous les jours. Cependant, un travail *démoniaque* avait transformé les traits de sa figure. Les yeux, largement ouverts, exprimaient la haine. Il n'était pas rasé. Ses deux mains s'appuyaient sur le *dossier* d'une chaise. Et on voyait les *menottes.* Il sembla à Etienne que son père le regardait personnellement à travers une fumée dansante . .

«. . . Un murmure *hostile* marque l'entrée de l'*assassin* dans son *box.* Le *greffier* lit l'acte d'accusation. On se souvient des détails de cette affaire, que nous avons décrite ici-même . . .»

Etienne se renversa sur le dossier de sa chaise. La transpiration coulait à grosses gouttes sur son front.

«– Accusé, dit le président, vous avez entendu les charges qui ont été produites contre vous. Vous allez maintenant être particulièrement attentif à suivre le procès. Monsieur le Greffier, voulez-vous faire l'appel des témoins . . .

---

démoniaque, qui est celui du diable
dossier, box, voir illustration page 41
hostile, qui est celui d'un ennemi
assassin, celui qui a tué qn
greffier, celui qui est chargé de prendre des notes

Etienne lisait attentivement le récit des temoignages, et il se remplissait de dégoût. Soudain, il vit, sur la liste des témoins, le nom de sa mère.

Etienne ouvrit tout grands les yeux : «Elle ne m'a pas dit ça. Elle y est allée. Pour témoigner. Devant tous ces gens. Oh! c'est effrayant!»

Comme la bibliothèque allait fermer, il se promit de revenir le lendemain lire le reste du résumé. Mais

ce qu'il avait lu aujourd'hui lui suffisait. Avant de quitter la salle, une idée folle lui traversa la tête : «*Découper* la photo de son père.» Il tira un *canif* de sa poche. La *lame* du couteau glissa sur la page. Il mit vite la photographie dans sa poche et referma le livre.

---

découper, ici : couper un article ou une photo d'un journal
canif, lame, voir illustration page 42

– Enfin, te voilà, mon chéri! s'écria Marion quand il rentra. Je t'attendais. J'aurais besoin de toi ...

Elle était assise devant la table de la salle à manger et était en train d'arranger une robe. Mlle Suzanne, penchée sur sa machine à coudre, travaillait *furieusement*

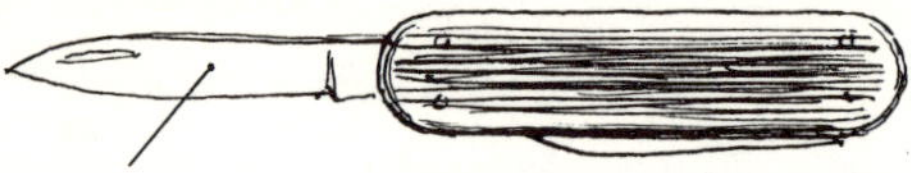

sans lever la tête. Une atmosphère féminine se dégageait du *désordre.* Marion dit encore :

– Ecoute, Etienne. Tu vas me rendre un service. Une de mes clientes attend sa robe pour le dîner. Il faudrait la lui porter tout de suite. Tu prendras un taxi ...

– Oui, maman.

L'idée de revoir sa mère, et de lui parler l'effrayait après ce qu'il avait lu à la bibliothèque. Il n'avait qu'une hâte, c'était de s'en aller de la maison. Quand Mlle Suzanne lui tendit le paquet, il pensa : «Sur mon bras, une jolie robe, dans ma poche, la photo de mon père, mort *guillotiné.* Est-ce que je rêve?» Marion posa sur lui un regard inquiet. Puis, elle le poussa vers la porte en murmurant :

– Va vite, mon chéri, c'est important.

---

furieusement, ici : avec beaucoup d'énergie
désordre, ce qui n'est pas rangé
guillotiner, couper la tête d'un condamné à mort

Questions

1. Quelle atmosphère règne-t-il chez Marion et Etienne au lendemain de leur conversation sur Louis Martin?
2. Pourquoi Etienne va-t-il lire les journaux à la Bibliothèque Nationale?
3. Pourquoi Etienne découpe-t-il la photo de son père dans le journal?

5

Il ralluma la lampe de *chevet,* s'assit et écouta le silence de la maison. Etienne était le seul à ne pouvoir dormir. C'était en vain que, depuis deux heures, il tentait d'oublier son angoisse. Le procès se jouait dans sa tête pour la centième fois. Un fait lui paraissait assuré : contrairement à ce que prétendait le *ministère public,* Louis Martin n'avait pas tué pour voler l'argent de ses victimes, mais pour obéir aux exigences d'une *obsession* criminelle. Sans être fou, il présentait les *caractéristiques* d'un homme *coléreux.* La violence même de ses actes interdisait toute idée de calcul. «Et puis après? Il a tué. Pourquoi? Comment? Cela importe peu. Il a tué. Et, à cause de lui, Marion a connu des journées de *solitude* et d'*humiliation.* A cause de lui, je ne pourrai plus jamais vivre de la même vie que les autres. A cause de lui, tout est changé, *pourri,* dans le monde qui m'entoure.»

Il sortit du lit et posa ses pieds sur le tapis usé. D'une démarche légère, il s'approcha de la table. Longtemps, il avait lutté contre le désir de revoir la photographie. Mais la tentation était trop forte. Quand il aurait jeté un coup d'œil sur l'image, tout irait mieux. Il s'assit sur une chaise, ouvrit le tiroir. Les objets se trouvaient là,

---

chevet, tête du lit
ministère public, celui qui est chargé de l'accusation en Cour d'assises
obsession, idée fixe
caractéristique (f.), signe particulier
coléreux, qui se met en colère
solitude, le fait d'être seul
humiliation, l'action de blesser l'orgeuil de qn
pourri, usé par l'humidité (ici : fig.)

côte à côte, comme dans une vitrine. Il les sortit, l'un après l'autre, et les plaça sur un papier. Il poussa les boutons de manchettes, le portefeuille, et dirigea son regard sur la montre : une montre ordinaire. Les *aiguilles* arrêtées marquaient midi vingt. Etienne prit

la montre et, tout à coup, comme par un miracle, un tic-tac régulier répondit à son geste. Il en fut tellement surpris que ses mains se mirent à trembler. Louis Martin était mort, mais sa montre continuait à vivre. D'un mouvement rapide, Etienne la reposa sur le papier. Quelque chose se révoltait dans son cœur contre cette montre idiote, qui continuait à mesurer le temps, bien que le temps eût cessé de courir pour son maître.

«J'ai eu le prix d'excellence et mon père est un assassin. S'ils avaient su que mon père était un assassin, m'auraient-ils donné le prix d'excellence?»

Il s'était mis debout et marchait, *de long en large,* dans la chambre. «Et si j'apprenais soudain que je ne suis pas son fils? Marion rentre en larmes et m'avoue sa faute : je ne suis pas le fils de Louis Martin, mais de Pierre Dupont ou de Roger Duval. Tout change. Je suis sauvé.» Il

---

de long en large, dans un sens, puis dans l'autre

essaya de vivre, par avance, cette minute de *soulagement* merveilleux. *Délivré* de son obsession, il reprenait son existence d'autrefois, agréable, avec les livres, les amis, les examens. «Non, je ne pourrai plus. J'ai été marqué. Sinon par le sang, du moins par le nom. Mais où, auprès de qui, chercher consolation?»

Il se jeta sur le lit, éteignit la lumière. Dans l'ombre revenue, le tic-tac de la montre gagnait en force. Etienne s'étendit sur le ventre et cacha sa figure dans l'*oreiller*. Alors, il lui sembla que quelqu'un se dressait derrière lui et levait un bras. D'un saut, il se retourna. Rien. Le vide. Le noir. Longtemps, il demeura ainsi, le dos raide, le cou tendu, le regard fixe dans la pièce obscure. Les idées tournaient en rond dans sa tête. Il ne s'endormit que tôt le matin.

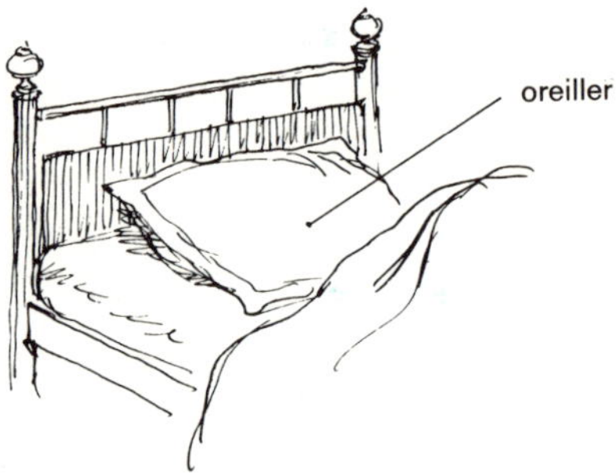

---

soulagement, le fait d'enlever des soucis ou de la peine à qn
délivrer, rendre libre

Questions

1. Pourquoi, seul, dans la nuit, Etienne essaie-t-il de croire que son père n'a pas tué pour de l'argent?
2. Pourquoi Etienne se révolte-t-il contre la montre de son père qui se met en marche?
3. Par quel moyen Etienne imagine-t-il de résoudre son problème?

6

Ce fut Marion qui le réveilla en frappant à la porte :

– Lève-toi, Etienne, ton camarade est là.

La tête lourde, il se battait encore sous les derniers effets d'un rêve :

– Quel camarade?

– Bernard Palaiseau.

Etienne se tourna dans son lit :

– Je ne veux pas le voir.

– C'est impossible, Etienne. Je lui ai dit que j'allais te prévenir. Il attend dans l'entrée.

Il *grogna* :

– Quelle heure est-il donc?

– Onze heures. J'ai pris le petit déjeuner sans toi. Si tu veux ton café au lait . . .

– Inutile.

– Hier, tu as dû lire dans ton lit, très tard.

– Oui, maman.

– C'est de la *folie*! . . .

Elle s'éloigna. Etienne se leva, mit une *robe de chambre,* rangea ses cheveux avec la main et ouvrit la porte :

– Viens par ici, mon vieux, nous serons plus tranquilles.

Le garçon entra dans la pièce :

– Je ne te dérange pas? Je passais en vélo . . .

Etienne considérait avec gêne ce petit personnage

---

grogner, faire un bruit sourd, pour exprimer que l'on n'est pas content

folie, ce qui n'est pas raisonnable

insouciant et bien lavé. Etait-il possible que, moins d'une semaine auparavant, Bernard Palaiseau eût été pour lui un compagnon acceptable?

– On a encore le temps de faire un tour au Bois, annonça Bernard Palaiseau.

– Ça ne me dit rien, murmura Etienne. Je suis fatigué.

Il tourna le dos à son camarade et feignit de ranger des livres sur la table. Maintenant, il ne pouvait plus supporter la présence de Bernard Palaiseau dans sa chambre. Que venait-il faire chez lui, avec ses histoires de vélo? D'un saut, Etienne était sorti du monde de l'enfance. Il n'avait plus rien de commun avec les *types* de son âge. Il était isolé par son secret, les autres ne pouvaient plus le comprendre. «Que lui dirais-je? Ce qui l'intéresse ne m'intéresse pas. Nous ne vivons plus pour les mêmes raisons et nous ne parlons plus la même langue.»

– Et cet après-midi, demanda Bernard Palaiseau, tu es libre?

---

insouciant, qui ne s'inquiète pas
type, personne (pop.)

– Non, dit Etienne.

– *Dommage,* reprit l'autre. Biosque et Maroussel sont rentrés de vacances. On va prendre un verre, tous ensemble, dans une petite *boîte,* au *Quartier latin* : Le Fisto. J'y étais hier. C'est *marrant.*

– Je regrette, dit Etienne.

Sous la peau de son cou, de ses bras, les nerfs tendus devenaient douloureux. «Comme je suis loin de lui! Comme je suis à plaindre! Que vais-je faire de moi?»

– Je t'assure que tu devrais nous accompagner. Il y aura deux filles que Maroussel a connues en vacances.

– Je ne peux pas, dit Etienne. J'ai promis à ma mère de sortir avec elle.

Palaiseau lui lança un regard aigu :

– Si ça t'ennuie que je vienne te voir comme ça, dis-le.

– Mais non, mon vieux. Seulement, je suis très pris en ce moment. Voilà tout. Plus tard, on verra . . .

– C'est vu. Je *file.* Tu me feras signe.

– Je te le promets, dit Etienne.

A l'heure du déjeuner, Marion lui demanda s'il avait pris rendez-vous, pour l'après-midi, avec son camarade.

– Non, dit Etienne. Il est trop bête. Je préfère rester seul . . .

– C'est dommage, mon chéri, dit-elle. Il faut que tu sortes, que tu t'amuses. Je n'aime pas te voir plongé, du matin au soir, dans tes livres . . .

Le ton inquiet de la voix de Marion le rappela à l'ordre. Il avait oublié son rôle. Pour ne pas alarmer sa mère, il devait jouer devant elle la comédie :

---

dommage, expression voulant dire : c'est triste
boîte, bar où l'on danse (pop.)
Quartier latin, quartier de l'Université à Paris
marrant, drôle (pop.)
filer, s'en aller (pop.)

– Ne me plains pas, Marion. Je suis très bien comme ça. Tu sais que j'adore bouquiner. C'est mon vice . . .

Tout en parlant, il imposait à son visage l'effort d'un sourire, d'un regard joyeux. Et Marion désirait tellement être rassurée, qu'elle accueillait avec *crédulité* les moindres signes de cette prétendue bonne humeur.

– Tu es vraiment un drôle de garçon, Etienne . . .

– Peut-être, maman. Mais il faut me laisser vivre à ma façon. En ce moment, j'ai un projet formidable.

– Lequel?

– Je voudrais . . . je voudrais écrire un bouquin . . .

– Sur quel sujet?

– Sur les créations faites en état de rêve. Le problème a été mal étudié. J'ai mon idée là-dessus . . .

– Oui, mon chéri. C'est très intéressant.

– N'est-ce pas?

Il dut serrer les dents pour contenir le *sanglot* qui se formait dans sa gorge. Il se répéta : «Tu mens. Tu es le fils d'un assassin et tu mens.»

Les jours suivants, il retourna à la Bibliothèque Nationale, pour y consulter d'autres récits du procès. Tous les journaux qu'il lisait présentaient l'assassin sous les traits d'un personnage qui ne méritait pas le pardon. Les ayant lus et relus, Etienne en avait appris par cœur certains passages. Il se les récitait, le soir, avant de s'endormir.

Cependant, à la maison, la vie continuait. La couturière cousait. Marion vendait des robes. Et M. Maxime Joubert téléphonait, chaque jour, à dix heures et demie du matin.

---

crédulité, trop grande facilité à croire
sanglot, pleurs violents

Dimanche, après le déjeuner, Marion proposa à son fils de l'accompagner au cinéma. Il voulut refuser, mais se retint, par crainte de faire du chagrin à sa mère. Après le spectacle, alors que Marion allait rejoindre une amie, Etienne décida de rentrer seul chez lui. Il ne trouvait plus de goût à rien. «Le monde a refusé mon père, je refuse le monde.» Il se mit à marcher, les bras mous, les pieds plats. «Et si je me tuais? Pourquoi pas? Ce serait la meilleure *solution.* Je me suis écarté de mes amis. Je souffre d'être un cas particulier. Puisque l'épreuve est au-dessus de mes forces, mieux vaut supprimer cette douleur en me supprimant moi-même. Marion pleurera. Mais elle aura Maxime Joubert pour la consoler. Des journaux publieront des articles sur mon compte. Mais je ne serai plus là pour les lire. Le noir. Le silence. L'oubli. Je ne crois pas en Dieu. Donc, je suis libre.» Il pensa au petit revolver que Marion cachait dans sa table de nuit. «Tout est si simple! Il suffit de vouloir vraiment. Ce soir, par exemple . . .»

Lorsqu'il arriva enfin devant la maison, sa décision était prise. Une paix merveilleuse avait succédé dans son esprit aux réflexions *contradictoires.* Entre les murs de l'appartement, vide et vaste, son pas retentit gravement. La table de nuit n'avait été placée là que pour contenter son désir. Il ouvrit le tiroir. Le revolver, petit et noir, dormait là en attendant son heure. Etienne glissa l'arme au fond de sa poche et *se réfugia* dans sa chambre, dont il ferma la porte à clé.

La chambre devint attentive, accepta sa fonction de

---

solution, réponse à un problème
contradictoire, qui n'est pas en accord avec ce que l'on vient de dire, de penser
se réfugier, se mettre à l'abri du danger

décor. Etienne croyait être seul et, cependant, une foule immense le regardait. Il se trouvait sur une scène, face à la masse sombre des *spectateurs*. C'était comme dans les mauvais rêves. On doit jouer une pièce de théâtre qu'on n'a pas encore répétée. Et, soudain, le rideau se lève, le public est là. Il faut agir, parler. «Mais je ne sais pas comment on fait. Je n'ai pas appris.» Il sortit du tiroir la photographie de Louis Martin, les boutons de manchettes, le portefeuille, la montre. La montre s'était arrêtée. Il la remonta, la mit à l'heure et la plaça en évidence sur la table, avec les autres objets. «C'est bien. J'agis selon les règles.» Le revolver pesait dans sa poche. Il le prit en main, le serra fortement. «Surtout, ne pas réfléchir, mettre le *canon* à cinq centimètres de l'oreille, appuyer sur la *gâchette*. Et après?» Ses bras étaient mous. Il lui sembla que le public s'impatientait : «Vite, vite, allons!» Il leva la main. Le petit cercle s'appliqua contre sa *tempe*. La glace de l'armoire lui renvoya l'image d'un jeune homme blond et pâle en train de téléphoner. C'était ridicule. Il tourna le dos à la glace. «Finissons-en. Ah! si quelqu'un avait accepté de presser la gâchette à sa place, s'il avait pu se retrouver mort sans s'être donné la mort! Impossible. Il fallait qu'Etienne fît tout par lui-même. Mon père a eu plus de chance. On l'a traîné vers la guillotine. Il lui a suffi d'obéir.» La montre faisait entendre son tic-tac. «Un, deux, trois . . . A vingt-sept, je me tue . . . Non : à trente . . . J'ai le temps.» Il aurait voulu emporter dans la mort les objets, les êtres qu'il aimait : Marion, sa bicyclette, quelques livres, la

---

spectateur, celui qui regarde un spectacle
canon, gâchette, tempe, voir illustration page 54

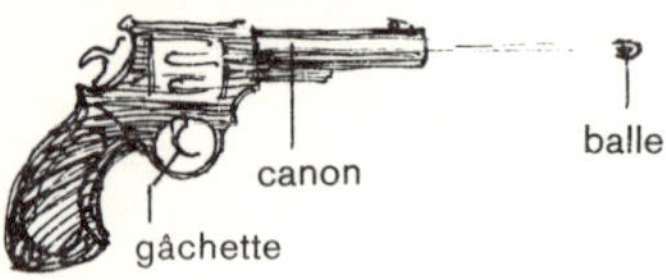
canon
balle
gâchette

tempe

photographie. Mais c'était interdit. Il fallait tout laisser sur le *rivage*.

Le doigt d'Etienne appuya faiblement sur la gâchette. Et, aussitôt, il lui sembla qu'une *balle* trouait sa tête. «Idiot! Pourquoi ai-je fait ça? Maintenant, il est trop tard.» Dans la glace de l'armoire, le jeune homme était toujours debout et tenait un revolver à la main. Etienne poussa un soupir de soulagement : «Je n'ai pas tiré.» Ses genoux se mirent à trembler. Il ne voulait plus rien. Il avait peur. Peur de la mort et peur de la vie. Le public *sifflait*. Une deuxième fois, sans conviction, il approcha le revolver de sa tempe. Mais, maintenant, il savait que la pose n'était pas dangereuse. «C'est ainsi que l'on fait quand on veut se tuer. Mais moi, je ne veux pas me tuer. Je ne me tuerai pas.» Des larmes gonflèrent ses yeux : «Marion . . . Marion . . . Au secours! . . .» Le revolver tomba sur la table. Etienne s'appuya au mur, les bras pendants, la tête basse, comme après un dur combat. Il balbutia : «Il faut que je trouve quelqu'un à qui parler . . . Sinon, je deviendrai fou . . . Déjà, je ne sais plus si je suis moi-même.» Un désir le saisit de fuir cette chambre, de s'enfoncer dans la lumière, dans le bruit, d'être vu et entendu par des gens.

Il ouvrit la porte, se précipita dans l'entrée, descendit les premières marches de l'escalier. Puis, il s'arrêta, réfléchit : «Mon Dieu! le revolver. Je ne l'ai pas remis à sa place!» Il revint sur ses pas, prit l'arme et la rangea dans la table de nuit de Marion. Il sentait le *battement* de son cœur jusque dans les pieds. Le dégoût qu'il avait

---

rivage, bord d'une rivière (ici : fig.)
siffler, faire un bruit aigu avec la bouche
battement, ici : mouvement du cœur

de lui-même était si violent qu'il se promit de chercher une autre occasion de mourir.

Questions

1. Pourquoi Etienne ne veut-il plus sortir avec Palaiseau?
2. Quelle impression vous fait l'opposition entre les pensées d'Etienne et la vie qu'il continue de mener avec Marion?
3. Etienne a-t-il vraiment l'intention de se donner la mort?

7

– Entrez donc! dit M. Thuillier.

– Je ne voudrais pas vous déranger . . .

– Quelle idée! J'avais fini de travailler! J'habite seul, et je n'attends personne!

Etienna pénétra dans une petite pièce basse et sale, qui était la demeure de son professeur de philosophie.

– Asseyez-vous, dit M. Thuillier en désignant un fauteuil.

Lui-même restait debout, les mains dans les poches. Une cigarette éteinte pendait à sa lèvre. Etienne respirait avec difficulté.

– Quoi de neuf? demanda M. Thuillier.

Etienne se pencha un peu. Le fauteuil *grinça*.

– J'ai besoin de vous, monsieur, dit Etienne d'une voix faible.

– Vous avez des ennuis?

– Oui, dit Etienne.

– Quels ennuis?

Etienne hésita quelques secondes, ferma à demi les yeux et répondit dans un souffle :

– Tout à l'heure, j'ai voulu *me suicider*.

– Mes compliments, dit M. Thuillier.

Il avait réussi à rallumer sa cigarette et paraissait heureux de son succès.

– Mon cher, reprit-il, le désir de se tuer est le *privilège* des êtres supérieurs. Penser au suicide, c'est porter un jugement sur la nécessité de la vie. Les animaux, les

grincer, faire un bruit aigu et désagréable
se suicider, se donner la mort
privilège, avantage qui n'est pas donné à tout le monde

sauvages, les *simples d'esprit* ne se suicident pas. En revanche, tout homme *évolué* s'est demandé, au moins trois fois dans sa carrière, si la mort n'était pas préférable au destin qu'il avait choisi.

Etienne, qui avait compté sur l'étonnement de son professeur, fut déçu par ce discours raisonnable. M. Thuillier poursuivit d'un air joyeux:

– Notez que je suis tout de même heureux de vous voir vivant. Penser au suicide est sain. Mettre le projet à exécution entraîne des conséquences malheureuses. Revolver, *poison,* corde au cou?

– Revolver, dit Etienne.

– C'est simple et *viril.* Et, au dernier moment, vous avez eu peur?

Etienne baissa la tête :

– Oui. Je n'ai pas pu. C'était plus fort que moi . . .

– Ne vous excusez pas. Mais pourquoi avez-vous désiré vous tuer? Une déception sentimentale, sans doute?

– Non, monsieur! s'écria Etienne.

Il parut *vexé,* ses yeux brillaient, jetaient du feu, droit devant lui.

– Je n'ai pas voulu vous vexer, reprit M. Thuillier. Il est normal qu'à votre âge . . .

– Puisque je vous dis que non . . .

– Eh bien, n'en parlons plus. D'ailleurs, il est très difficile de déterminer la cause d'un suicide. Il n'est pas

---

simple d'esprit, qui est peu intelligent
évoluer, changer pour le mieux
poison, qc que l'on mange ou que l'on boit qui est dangereux pour la santé et peut même tuer
viril, digne d'un homme
vexé, se sentir humilié

rare que, chez des êtres jeunes, l'étude de la philosophie précipite les choses.

– Ce n'est pas l'étude de la philisophie qui m'a dérangé l'esprit, dit Etienne.

– Et quoi donc?

Etienne appuya ses mains sur le fauteuil. Il était en haut d'une tour. Il allait sauter. Il murmura :

– J'ai appris . . . J'ai appris, il y a quelques jours, que mon père était un assassin.

M. Thuillier écrasa sa cigarette, attira une chaise et s'assit derrière sa table.

– Mais comme c'est intéressant! dit-il.

Etienne eut l'impression que M. Thuillier ne le croyait pas.

– Je vous jure que c'est vrai, monsieur, dit-il.

– Et quand l'événement se serait-il produit? demanda-t-il.

– Il y a cinq ans. A Cauterets. Vous n'avez pas lu dans les journaux le procès de Louis Martin?

– Peut-être. Je ne sais plus . . .

– Louis Martin, dit Etienne, c'était mon père. On l'a jugé. On l'a guillotiné. Ma mère m'avait laissé dans l'ignorance . . .

Poussé par le besoin d'émouvoir son *interlocuteur,* Etienne racontait tout : la lettre, le paquet, les révélations de Marion, la lecture des journaux, le procès. Il s'étonnait lui-même du plaisir qu'il prenait à cette *confidence.*

– J'ai beaucoup hésité à venir vous voir, dit-il. Je n'osais pas. J'avais honte. C'est affreux de vivre avec un secret pareil dans le cœur. Impossible d'en parler à ma

---

interlocuteur, personne à qui on s'adresse
confidence, le fait de parler à qn de ses pensées les plus secrètes

mère sans la blesser. Et aucun de mes camarades n'eût été capable de me comprendre. Vous avez été très *chic* pour moi. J'ai confiance en vous. Vous m'aiderez, vous me conseillerez . . . Il y a sûrement quelque chose à faire . . .

– Que voulez-vous faire?

– Je ne sais pas, moi? Voir l'avocat. Essayer de déterminer jusqu'à quel point mon père était responsable. Un fait est certain : il n'a pas tué pour voler, contrairement à ce qu'ils ont dit. Mais il était peut-être employé par la Gestapo. Il agissait pour le compte d'un parti politique . . .

– Vous préfèreriez cette explication?

– Une conviction, un idéal, cela excuse les pires *excès* . . . Non? . . . Je n'y comprends rien . . . C'est à vous de me dire . . . Je voudrais prouver aux gens qu'ils ont eu tort de le guillotiner . . .

– Qu'est-ce que cela changerait, puisqu'il est mort?

– Cela changerait tout. Je pourrais penser à lui sans révolte, sans inquiétude.

– C'est donc dans votre intérêt personnel que vous souhaitez de *réhabiliter* votre père?

– Mon intérêt et le sien ne font qu'un. On l'a *injurié*. On lui a coupé la tête. Je ne peux pas supporter l'idée de cet homme sans tête. Autrefois, j'étais un type comme les autres. Et, tout à coup, je suis le fils d'un assassin. Je n'ai rien fait pour ça. Je suis innocent. Et c'est comme si j'étais coupable. Les gens me font peur ou me dégoûtent, parce qu'ils ne savent pas, parce que, s'ils savaient, ils

---

chic, ici : gentil
excès, l'état de ce qui est exagéré
réhabiliter, rendre à qn l'estime des autres
injurier, blesser par des paroles désagréables

s'écarteraient de moi. J'ai envie de *cracher* sur tout, de déchirer tout . . .

Les mots lui venaient dans la bouche comme de gros sanglots.

– Je comprends votre désespoir, dit M. Thuillier, mais je vous déconseille *formellement* d'aller voir l'avocat. Quelle que soit la raison pour laquelle votre père a tué, l'idée d'un procès pour le réhabiliter est impossible.

– Mais si. Je n'y vois plus clair, moi! Je deviens fou! . . .

M. Thuillier se leva, s'approcha d'Etienne, posa une main sur son épaule.

– Ecoutez-moi bien, mon vieux, dit-il. Si j'étais à votre place, je serais heureux de ce qui m'arrive.

– Heureux? balbutia Etienne. Heureux d'être le fils d'un assassin?

– Pourquoi pas? Oubliez qu'il s'agit de vous. Tâchez de raisonner *objectivement*. Ceux que nous nommons nos semblables ont pour première utilité de nous prouver que nous ne leur ressemblons pas. Par conséquent, c'est dans la mesure où nous ne sommes pas eux, que nous sommes nous, c'est parce que nous nous heurtons au monde, que le monde existe et que nous existons.

– Oui, dit Etienne, vous l'avez déjà expliqué en classe.

– Donc, vous avez compris, maintenant? demanda M. Thuillier.

Etienne tressaillit, revint sur terre.

– Oui, dit-il. Je crois . . J'essaie . . . Mais moi, là-dedans, qu'est-ce que je deviens?

---

cracher, lancer de l'eau hors de la bouche
formellement, d'une manière précise et sans exception
objectivement, sans tenir compte de ses sentiments personnels

– Vous flottiez. Vous cherchiez. Vous venez de trouver votre raison d'être.

– Quelle raison d'être? Je ne sais plus qui je suis.

– Vous êtes le fils d'un assassin. Au lieu de vous cacher cette vérité, il faut en être reconnaissant.

– C'est-à-dire?

– C'est-à-dire que, désormais, il faut que vous agissiez, non plus comme le fils d'un monsieur quelconque, mais comme le fils de «l'assassin de Cauterets.» N'essayez pas d'oublier, d'excuser votre père. Acceptez-le tel qu'il est. Soyez fier de ses crimes et de sa tête coupée.

Etienne secoua le front :

– Je ne pourrai pas . . .

– Mais si, mais si, c'est une question de bon sens. L'homme doit savoir que tout lui est permis. C'est en étant, en vous rendant compte que vous êtes le fils d'un assassin, que vous retrouverez la paix de l'esprit et la joie de vivre.

– La joie de vivre? . . . chuchota Etienne.

Il songea à Marion, à Maxime Joubert. Son cœur se serra.

– Allez-y, Martin.

«Il me donne du courage, songea Etienne. Nous sommes deux amis, deux frères.» M. Thuillier regarda sa montre.

– Il doit être bien tard, dit Etienne. Et je vous retiens, je vous empêche de dîner . . .

– Je n'ai pas d'heure pour dîner, dit M. Thuillier. Le soir, je mange un morceau dans un petit bar, à côté d'ici. Si vous voulez vous joindre à moi . . .

– Malheureusement, ma mère m'attend, dit Etienne.

– Eh bien, tant pis. Ce sera pour une autre fois . . .

Etienne eut *subitement* du regret. Il murmura :

– Je pourrais peut-être lui téléphoner, lui dire que je sors avec vous . . .

– Mais oui, dit M. Thuillier. C'est une excellente idée.

Ils descendirent, côte à côte, l'escalier de la maison. Etienne s'arrêta chez la concierge pour téléphoner à sa mère. Elle venait de rentrer à la maison.

– Enfin, mon chéri! s'écria-t-elle. J'étais inquiète. Je me demandais où tu étais passé . . .

---

subitement, tout à coup

Il éprouva un petit choc au cœur à entendre cette voix familière. Se pouvait-il qu'elle eût continué à vivre, quelque part dans Paris, ignorante, sans se faire de souci, tandis qu'il songeait au suicide et *se confessait*, avec honte, à son professeur?

– Allô, Etienne! . . . Quoi? . . . Tu as changé d'avis? Tu es sorti? . . . As-tu dîné au moins? . . .

– Non, maman, dit-il. Mais je vais dîner. Avec M. Thuillier. Je l'ai rencontré par hasard. Ne m'attends pas . . .

– Entendu, mon chéri . . . M. Thuillier, c'est bien ton professeur de philosophie? . . . Ne rentre pas trop tard . . . Je ne m'endormirai pas avant de te savoir à la maison . . . Je t'embrasse . . . Fort, fort . . .

Il raccrocha l'appareil et alla rejoindre M. Thuillier, qui l'attendait dans le bar à côté.

Questions

1. Que pensez-vous de la réaction de M. Thuillier quand Etienne lui raconte qu'il a voulu se suicider?
2. Pourquoi Etienne choisit-il d'aller se confier à son professeur de philosophie?
3. Pourquoi, à votre avis, M. Thuillier fait-il à Etienne un cours de philosophie quand il veut le rassurer?
4. Etienne est-il heureux d'aller dîner avec M. Thuillier? Pourquoi?

---

se confesser, avouer une faute que l'on a commise à qn en qui on a confiance

8

Le lendemain matin, Etienne fut réveillé par un coup de sonnette. Il se précipita de son lit et ouvrit la porte d'entrée. Devant lui, se tenait un garçon qui serrait dans ses bras un bouquet de roses rouges.

– Mme Loiselet, demanda le garçon, c'est bien ici?

– Oui, dit Etienne.

Le garçon lui tendit le bouquet. Etienne traversa l'entrée et entra dans la chambre de sa mère. Assise dans son lit, Marion regardait venir le bouquet qu'Etienne déposa sur la couverture.

– Elles sont très jolies! dit Marion. Quelle folie! . . .

Elle prit la petite enveloppe blanche qui accompagnait les fleurs. Une carte de visite tomba sur ses genoux. Elle la prit, l'approcha de ses yeux, la jeta sur la table de nuit, et un sourire mystérieux éclaira son visage.

– Veux-tu que j'aille chercher un vase? demanda Etienne.

– Non, non, reste ici.

Elle sortit et referma la porte. Au bout d'un moment, il entendit un bruit de voix et comprit que Marion parlait au téléphone. Elle n'avait pas pu attendre une minute de plus pour remercier le *donateur.* Etienne prit la carte de visite sur la table de nuit et lut : Maxime Joubert. Au-dessous de ce nom, quelques mots étaient écrits rapidement : «A ce soir, Marion.» Etienne se sentit raidir. Comment Marion pouvait-elle se laisser prendre à un jeu si commun? Elle avait été la femme de Louis Martin. Elle était encore marquée, dans sa *chair,*

---

donateur, celui qui fait des cadeaux
chair, ici : corps humain

dans son âme, par la révélation des crimes qu'il avait commis. Il replaça la carte de visite sur la table de nuit. Derrière la porte, un murmure *persistait,* irritant et confus. Etienne tendit l'oreille : «Vous m'avez trop gâtée . . . Il ne fallait pas . . . Je vais les mettre dans un beau vase bleu . . .»

Il s'approcha de la fenêtre et *aspira une* large *bouffée d'air* pour lutter contre le *malaise* qui l'envahit. «Lui a-t-elle seulement dit qu'elle était l'épouse divorcée d'un assassin? Sûrement pas. Elle en a honte. Mais elle n'a pas honte de ces fleurs, de ces invitations à dîner, de cette vie idiote, humiliante.» Dans l'entrée, la voix de Marion s'était tue. Il se retourna, quand Marion rentra. Elle était transformée. On eût dit qu'elle s'était maquillée entre-temps. Ses deux mains tenaient le vase plein d'eau. Sans mot dire, elle le plaça sur la table de nuit, et, prenant les roses, une à une, les planta dedans doucement. Puis, elle recula d'un pas pour juger l'effet.

– Elles ont une couleur très particulière, très chaude, dit-elle enfin.

Etienne n'avait pas envie de rester et, d'un pas lourd, il s'avança vers la porte.

– Tu t'en vas? demanda-t-elle en se recouchant.

Trop ému pour répondre, il fit un mouvement de tête.

Elle prit une mine *fautive* et dit très vite :

– Tu vas me gronder, Etienne. Mais je suis obligée de sortir, ce soir. Tu dîneras seul.

---

persister, continuer avec insistance
aspirer une bouffée d'air, prendre de l'air frais
malaise, sensation d'être malade, d'une manière difficile à préciser
fautif, qui est coupable

– Non, dit-il.
– Pourquoi?
– Moi aussi, je vais sortir.
– Avec des amis?
Il réfléchit quelques secondes et répondit :
– Avec M. Thuillier.
– Encore!
– Oui, il m'a promis de me lire quelques chapitres d'un livre qu'il est en train d'écrire.
– Et cela t'amuse?
– Autant que toi de dîner en ville.

Elle ne comprit pas l'*insolence*. Son regard était devenu rêveur. Etienne était triste, il avait envie d'être seul. Il avait devant lui une longue journée, et il ne savait pas quoi faire. Il quitta la chambre sans que Marion fît un geste pour le retenir.

Pour la troisième fois, Etienne appuya sur le bouton de la sonnette. Un silence creux répondit à son appel. M. Thuillier était sorti. Etienne regarda sa montre : sept heures. «Que faire? Attendre ici qu'il revienne? Jeter un coup d'œil dans le restaurant où nous avons dîné hier soir? Il faut que je le voie. A tout prix.» A pas lents, il descendit l'escalier.

A cent mètres de la maison, sur le même trottoir, la porte du bar, à demi ouverte, soufflait une odeur de cuisine. Etienne franchit le seuil et fit un tour rapide entre les tables. M. Thuillier n'était pas là.

Dans la rue, Etienne se mit à marcher, en répétant sans cesse :
– Seul, seul, seul? . . .
«Personne à la maison. Que faire? Où manger?»

---

insolence, manque de respect

Dressant la tête, Etienne et ses pensées passèrent devant l'église Saint-Germain-des-Prés. Il suivit le *flot,* puis, brusquement, il s'arrêta.

– Martin! Martin!

Quelqu'un criait son nom. Le nom de son père. Il se retourna vivement. Une main tendue, un sourire. C'était un camarade de classe : Maroussel.

– Qu'est-ce que tu fais là, Martin?

– Je me promenais.

– Viens boire un verre. Je suis au *Flore* avec mon frère, Palaiseau, des copains . . .

– Ah! oui? dit Etienne. Je ne savais pas que tu étais déjà rentré de vacances . . .

– Alors? Tu viens? reprit Maroussel.

Etienne voulut refuser, mais l'idée d'être seul sans rien faire lui parut horrible.

– D'accord, dit-il, mais je ne resterai pas longtemps.

Maroussel le prit par le bras et l'entraîna vers la terrasse du café. Ils se glissèrent entre les tables jusqu'au groupe *bruyant* qui leur faisait signe d'approcher. Le frère aîné de Maroussel, étudiant en médecine, à côté de lui, Palaiseau, Biosque et Kellermann, des anciens camarades de lycée, étaient là avec deux jeunes filles inconnues, une blonde et une brune.

– Paulette Mauricet et Yolande Strass, dit Maroussel.

Etienne salua. On lui fit de la place. Maroussel approcha une chaise.

– Qu'est-ce que tu prends, mon vieux? demanda Palaiseau.

– Un cognac à l'eau, dit Etienne.

---

flot, ici : foule de gens
Flore, bar très connu à Saint-Germain des Près
bruyant, qui fait beaucoup de bruit

Il n'était jamais venu au Café de Flore. En ce lieu de rencontres intellectuelles, il lui semblait que chaque individu se montrait *soucieux* d'être la *caricature* de lui-même.

– Dans trois semaines, la rentrée! gémit Kellermann.

– Alors, c'est décidé, Maroussel, demanda Biosque, tu t'inscris aux Hautes Etudes commerciales?

– Oui, répondit Maroussel. Et toi, qu'est-ce que tu veux faire?

– Licence d'anglais.

– Et Martin, qu'est-ce qu'il compte faire?

– Je veux être avocat, dit Etienne.

– Avocat d'affaires? demanda le frère de Maroussel.

– Avocat d'assises, dit Etienne.

Yolande, la brune, fit un regard étonné :

– Vous *plaiderez* pour défendre des criminels?

– Oui, dit Etienne.

Il avait chaud. Son cœur battait dans sa gorge.

– Ce doit être passionnant! reprit la jeune fille.

– Je me demande, dit le frère de Maroussel, s'il n'est pas *déprimant,* avec le temps, pour un avocat, de consacrer son temps et son énergie à la défense d'individus anormaux.

Un flot de colère monta aux lèvres d'Etienne.

– Est-il déprimant, pour un médecin – puisque vous voulez être médecin – de se pencher, durant toute sa vie, sur des êtres pourris?

– Donc, à votre avis, l'avocat, qui, grâce à son talent, sauve la tête d'un assassin, est aussi nécessaire à la so-

---

soucieux, ici : qui s'occupe avec soin
caricature, portrait exagéré
plaider, défendre devant les juges
déprimant, fatigant physiquement et moralement

ciété que le médecin, qui *guérit* un honnête homme?

– Parfaitement. D'ailleurs, si on vous appelait auprès d'un assassin malade, refuseriez-vous de le soigner?

– Non, dit Maroussel aîné sur un ton désagréable. Je ne refuserais pas.

– Eh bien, conclut Etienne, nous voici d'accord. En face d'un être qui souffre, quels que soient les crimes dont on l'accuse, l'avocat et le médecin se rejoignent dans un même devoir d'humanité.

– Il n'y a pas à dire, soupira Palaiseau, Martin, il cause comme un livre . . .

– Ces demoiselles trouvent que nous sommes fortement ennuyeux, dit Maroussel aîné. Et, entre nous, elles n'ont pas tort. Qu'est-ce qu'on fait?

– Allons dîner au restaurant chinois, proposa Biosque.

– Ce n'est pas marrant, dit Kellermann. Si on se contentait d'un sandwich, on pourrait finir la soirée au Fisto.

Il était dix heures du soir, quand toute la bande, *bousculant* et riant, descendait le raide escalier de pierre, qui menait au *sous-sol* du Fisto.

Quand ils se furent installés, la serveuse vint prendre la commande.

– Du whisky pour toute la compagnie, ordonna Maroussel aîné.

– Tu sais danser, Martin? demanda Palaiseau.

– Non. Enfin, vaguement. Mais pas ces *trucs* qu'on danse aujourd'hui.

---

guérir, rendre la santé à un malade
bousculer, pousser brusquement en tous les sens
sous-sol, partie d'une maison, située au-dessous du niveau du sol
truc, chose (pop.)

– J'étais comme toi, Yolande m'a appris. Elle est formidable, cette fille-là.

«Qu'est-ce que je fais ici? pensa Etienne. Comment mon *drame* intérieur peut-il se soumettre à cette atmosphère de *foire?*» Il regarda sa montre.

– Yolande, dit Palaiseau, il faudra t'occuper de Martin.

Etienne tressaillit :

– Mais non . . . pourquoi?

– Il ne sait pas danser, reprit Palaiseau.

– Et il veut que je lui apprenne? demanda Yolande.

Il y avait une pointe d'ironie dans sa voix. Etienne murmura :

– Ce n'est pas la peine, mademoiselle, je vous assure . . .

– Et si cela me fait plaisir de vous apprendre? . . .

Etienne se demanda, avec terreur, ce qui se passerait dans cette salle, s'il montait sur une table et criait, face aux danseurs, qu'il était le fils d'un assassin. Il serra les poings : «C'est clair. Je n'ai le droit de demeurer ici qu'à condition de cacher mon identité véritable. Ces étrangers m'acceptent parmi eux, parce qu'ils ignorent mes origines. Il suffit d'un mot de ma bouche pour que le vide se fasse autour de moi. Mais ce mot, je ne le prononcerai pas.»

Il réfléchit encore et précisa sa pensée : «Oui, c'est bien cela, tant que j'aurai honte de mon père, les honnêtes gens n'auront pas honte de moi. En choisissant de les fréquenter, je choisis, en même temps, de *renier* mon père.»

– On y va? demanda la jeune fille.

---

drame, ici : désespoir
foire, ici : fête bruyante
renier, déclarer, à tort, qu'on ne connaît pas une personne

Subitement, Etienne sentit un corps chaud qui *se collait* contre lui, et ses pieds commencèrent à bouger au même rythme que ceux de la fille.

– Vous ne dansez pas si mal que ça, dit Yolande, mais on voit que vous n'avez pas la *pratique* . . .

– Je ne danse presque jamais.

– Vos camarades m'ont dit que vous étiez un type formidable. Premier en tout. Ça ne m'étonne pas . . . Moi aussi, j'aurais aimé poursuivre mes études. Mais j'ai dû gagner ma vie très tôt. Quel âge me donnez-vous?

– Je ne sais pas.

– J'ai vingt-trois ans. Et pourtant, je recherche surtout la compagnie des étudiants. Ils sont charmants, ils n'ont pas peur de vivre.

– Où avez-vous connu les Maroussel?

– A *la Baule*. Ce sont de braves garçons . . .

– Des idiots, dit Etienne.

– Vous exagérez, dit-elle. Que leur reprochez-vous?

– Je leur reproche d'être assis quand il faut être assis, debout quand il faut être debout.

– Vous voulez dire qu'ils manquent de personnalité?

– C'est à peu près ça, murmura Etienne.

– Et moi? reprit-elle, en le regardant avec insistance.

– Je ne vous connais pas assez, répondit-il. Je ne peux rien dire.

Elle *cligna des yeux.* Un chuchotement sortit de ses lèvres :

– Dans la rue, nous serons plus à l'aise pour parler.

---

se coller, ici : se presser contre
pratique, ici : habitude
la Baule, ville au bord de la mer
cligner des yeux, faire signe de l'œil à qn

Sur le trottoir, Yolande lui lança un regard amoureux et prononça dans un souffle :

– J'habite tout près d'ici. On y va?

Ils firent quelques pas, côte à côte. Puis, Yolande s'arrêta, leva la tête, et Etienne la poussa contre le mur d'une maison. Tout à coup, il n'y eut plus de solitude. Dans un rêve délicieux, Etienne sentit que Yolande et lui ne faisaient qu'un. Il perdait le souffle. «Elle m'aime! Je vais avoir une maîtresse! Je suis heureux!»

– Chéri! Mon chéri! gémit-elle. Nous ne dirons rien aux autres. Ce sera notre secret.

Elle se collait contre son ventre. Il crut qu'il allait *s'évanouir* de plaisir. Il eut peur et la repoussa. Elle s'avança vers lui de nouveau, voulut l'embrasser. Comme délivré d'un charme, il subit avec dégoût ce baiser profond. Les paroles de M. Thuillier lui revenaient en mémoire. Horrifié, il repoussa les deux mains qui se joignaient sur son cou.

– Non, dit-il, d'une voix sourde. Partez! Laissez-moi seul!

Brusquement, elle lui tourna le dos et se mit à courir très vite dans la rue.

Quand elle fut loin, il murmura :

– *Garce!*

Ayant laissé passer l'heure du dernier *métro,* il dut faire à pied le chemin du retour. Quand il pensait aux événements de la soirée, il doutait de les avoir vécus. Il regretta sa conduite envers Yolande. Que pensait-elle de lui, à présent? Accepterait-elle de le revoir, après ce

---

s'évanouir, perdre connaissance
garce, mauvaise fille (pop.)
métro, chemin de fer, qui est situé sous le sol, dans une grande ville

qui s'était passé? Il se sentit très jeune, très *vulnérable*. Un enfant perdu. Il désira follement retrouver son lit, ses livres, l'amitié des meubles et des murs. Déjà, il distinguait sa maison. Tout à coup, il s'arrêta : à quinze mètres de lui, devant la porte, une femme et un homme s'embrassaient. Marion! Un *frisson* d'horreur saisit le cœur d'Etienne. Jamais encore il n'avait imaginé ce que pouvaient être les rencontres de Marion avec Maxime Joubert. Et voici, subitement, ces deux êtres qu'il voyait s'embrasser devant lui. Marion se pressait contre son amant, comme Yolande s'était pressée contre Etienne.

Les ombres se séparèrent. Etienne eût souhaité mourir sur place, mais la vie tenait à lui.

«Les types dans mon genre n'utilisent pas leur volonté pour mourir, mais pour tuer. J'ai du sang d'assassin dans les *veines*.»

Etienne *lécha* ses lèvres qui avaient un goût de rouge et d'alcool. La porte s'ouvrit et Marion disparut. Maxime Joubert attendit quelques secondes encore, puis, il se dirigea, à pas lents, vers sa voiture. L'auto glissa devant Etienne. C'était fini. Il était seul. Mais il n'osait plus s'approcher de la maison.

Longtemps, il se promena dans les rues, les mains dans les poches, le regard mauvais. Il était trois heures du matin, quand il se décida enfin à rentrer chez lui. Marion n'avait pas éprouvé le besoin de vérifier si son fils était là. Elle était sûre de lui : «Un garçon sérieux. Couchons-nous sans le réveiller. Il est tard. Je suis la plus heureuse des

---

vulnérable, qui peut être facilement blessé ou attaqué
frisson, tremblement de peur ou de froid
veine, lieu, où circule le sang vers le cœur
lécher, passer la langue sur qc

femmes.» Le parquet *craqua* sous ses pas. Etienne retira ses chaussures et se dirigea vers sa chambre, en marchant sur la pointe des pieds.

Questions

1. Pourquoi Etienne s'est-il mis à détester Maxime Joubert?
2. Pourquoi le ton de la conversation entre Etienne et ses camarades est-il aussi dur?
3. Pourquoi Etienne se laisse-t-il entraîner au Fisto?
4. Pourquoi, tout à coup, Etienne est-il dégoûté par Yolande?
5. La soirée avec Yolande joue-t-elle un rôle dans l'attitude d'Etienne vis-à-vis du couple Marion – Maxime Joubert?

---

craquer, faire un bruit sec

9

Etienne achevait de prendre son petit déjeuner, quand sa mère entra dans la cuisine. La regardant en secret, il cherchait sur elle des signes particuliers, mais il ne voyait qu'une figure calme et familière, le sourire de tous les jours.

– Tu as passé une bonne soirée avec M. Maxime Joubert? demanda-t-il sur un ton naturel.

– Excellente. Nous avons dîné à *la Tour d'Argent*. Et, de là, nous sommes allés au spectacle. C'était très drôle. J'ai bien ri.

«Elle a ri. Pendant que je souffrais. Et, en revenant, elle a livré son corps aux caresses de l'homme qui lui avait payé à manger et à boire.»

– Et toi, dit-elle, qu'as-tu fait, mon chéri?

– J'ai dîné avec des copains.

– C'est tout?

– Non. Après, nous nous sommes retrouvés dans une boîte.

– Et tu as dansé?

– Pourquoi ne danserais-je pas? dit-il sèchement.

– Il y avait donc des jeunes filles avec vous? demanda-t-elle encore.

– Evidemment.

– Il ne faudrait tout de même pas, dit-elle, que tu prennes l'habitude de sortir, comme ça, tous les soirs, avec des camarades . . .

Etienne ne put s'empêcher de répondre :

– Si tu étais restée à la maison, je n'aurais pas eu l'idée d'aller m'amuser ailleurs.

---

la Tour d'Argent, restaurant très cher, à Paris

Elle le regarda tristement. Et, aussitôt, il regretta ses paroles.

– Tu m'en veux? demanda-t-elle.

– Mais non, maman.

Elle se leva pour ranger sa tasse et, tout à coup, elle se tourna vers lui et dit :

– J'ai invité M. Maxime Joubert à dîner, ce soir.

Il s'attendait à tout, sauf à cette nouvelle. La surprise lui *coupa les jambes.* Dominant son trouble, il balbutia :

– Ah! oui? c'est très bien . . .

– Nous nous mettrons à table vers huit heures et demie, dit-elle encore.

– Soit. Je partirai vers cette heure-là, pour vous laisser tranquilles.

Comme prise d'un malaise, elle ferma un instant les yeux. Puis, elle les rouvrit et dit fermement :

– M. Maxime Joubert est un ami que j'estime. Il faut que tu fasses sa connaissance. Je lui ai souvent parlé de toi . . .

– Et tu m'as souvent parlé de lui. Nous *sommes quittes.*

C'était trop. Elle cria :

– En voilà assez, Etienne! Ta mauvaise humeur est ridicule. J'exige que tu dînes avec nous, ce soir. J'espère que tu as compris.

– Oui, j'ai compris, maman, dit-il d'une voix basse.

– Je te remercie, mon petit.

Et elle sortit de la cuisine.

Resté seul, il se sentit plus à l'aise dans son chagrin. «Elle ne m'aime plus. Elle préfère ce type. Je suis ici chez moi. Qu'elle rencontre n'importe qui à l'extérieur :

---

couper les jambes (à qn), avoir l'impression que l'on ne peut plus marcher

être quitte, ne plus rien se devoir

soit! Mais pas entre ces murs, pas devant cette table, qui nous a toujours réunis, face à face, à l'heure des repas.»

Soudain, il songea qu'il ne serait pas seul, ce soir, à subir l'injure d'une présence *indésirable.* Unique *héritier* de son père, porteur de son nom, de son secret, de son sang, il avait pour mission de défendre, envers et contre tous, les intérêts de ce mort sans gloire.

Il se vit assis entre sa mère et l'amant de sa mère, lui, le fils de l'assassin, passant le pain, versant le vin, faisant du charme pour que le nouveau venu se sentît en confiance dans la maison. Sa mémoire mêlait le présent au passé. A l'époque où il ignorait que son père fût un assassin, sa patience pour Marion était énorme. Il ne souffrait pas à la voir amoureuse d'un autre homme. Il l'*encourageait* même à voir Maxime Joubert, à sortir avec lui. Aujourd'hui, cette seule pensée était insupportable. La mort honteuse de Louis Martin lui donnait des droits sur sa veuve, sur son fils, sur l'univers entier.

Etienne recula d'un pas dans la pièce. «C'est décidé. Je ne resterai pas pour ce dîner ridicule. Ils feront ce qu'ils voudront en mon absence.»

Au bout d'un moment de réflexion, il se dit : «Si Louis Martin avait été à ma place, il ne se serait pas contenté de se taire. Il aurait pris la responsabilité d'agir, de risquer *le tout pour le tout.* Il serait allé chez Maxime Joubert pour lui *régler son compte.* Un coup de feu. C'est fini. Plus personne.»

Il se glissa, sans faire du bruit, dans le couloir.

---

indésirable, que l'on ne désire pas; qui dérange
héritier, celui qui reçoit qc à la mort de qn
encourager, être favorable à qc
le tout pour le tout, de tout gagner ou de tout perdre
régler son compte, tuer (pop.)

L'*annuaire* des téléphones était posé là, sur la petite table. Il l'ouvrit et cherchait sous la lettre J. Joubert M., 17, rue de La Trémoille.

Etienne remit l'annuaire à sa place et poussa doucement la porte qui conduisait à la chambre de sa mère. A côté, il entendit des voix de femmes en train de travailler. Il s'avança vers la table de nuit et ouvrit le tiroir. Noir et net, le revolver était couché au fond de la caisse.

La femme de chambre observait Etienne avec sympathie.

– Monsieur ne rentre jamais du bureau avant six heures, dit-elle. Vous aviez rendez-vous?

– Oui, dit Etienne.

– Dans ce cas, vous pourriez peut-être l'attendre. Je vais vous faire entrer.

Elle lui sourit et le conduisit dans une pièce basse, remplie de livres.

– Monsieur ne va pas tarder à rentrer, dit-elle.

La porte se referma. Etienne demeurait debout, surpris. Il avait imaginé que Maxime Joubert logeait dans un appartement spacieux et de mauvais goût. A présent, il vit un décor plutôt joli et sympathique. Il y avait une odeur de pipe. Etienne s'approcha des rayons chargés de livres. Soudain, son cœur tressaillit : Schopenhauer. A côté, se trouvaient les œuvres de Spinoza, de Freud, de Platon. Cette découverte *modifiait* l'idée qu'il se faisait de son adversaire. L'homme qu'il allait abattre n'était plus

---

annuaire, livre où sont inscrits tous les numéros de téléphone et les adresses des gens
modifier, changer légèrement

un individu quelconque, mais un *amateur* de philosophie, un lecteur de Schopenhauer.

Etienne soupira et considéra avec angoisse les livres, les pipes, la lampe, les rideaux, tous ces objets qui étaient au courant de sa décision et attendaient l'arrivée du principal *acteur*. Un quart d'heure, une demi-heure, au plus, le séparait de la mort de Maxime Joubert. Cette idée ne lui *procurait* nulle joie. Mais il lui suffisait de penser à Louis Martin pour savoir que sa propre main ne tremblerait pas au moment choisi. Il se disait : «Par ma seule décision, ce qui a été ne sera plus. Mon acte me créera assassin et le créera *cadavre*. Or, toute création est respectable en soi. Comme l'affirme Thuillier, il n'y a pas de coupable parmi les hommes, il n'y a que des responsables. Quand il apprendra ce qui s'est passé, mon professeur sera fier de moi.»

Soudain, il se demanda ce qui lui arriverait après son *arrestation*. La prison, le jugement, la mort. «Comme mon père.»

Il regarda, à son poignet, la montre de Louis Martin. Six heures cinq. «Qu'est-ce qu'il attend? Vite! Qu'il vienne! Qu'on en finisse! Je ne peux plus attendre!» Etienne sortit son revolver, le regarda, le remit en poche. A cet instant précis, une porte *claqua*, une voix se fit entendre. Etienne *sursauta* et dressa la tête. «Pas de doute. C'est lui. Il discute avec la femme de chambre. Que vais-je faire? Je ne tirerai qu'après avoir parlé.

---

amateur, se dit d'une personne qui aime une chose précise
acteur, personne qui joue dans une pièce de théâtre
procurer, donner
cadavre, corps d'un mort
arrestation, le fait d'être retenu par la police
claquer, fermer avec bruit
sursauter, faire un mouvement brusque causé par la peur

Tout lui dire avant de le *descendre* comme un chien. Oh! mon Dieu, donnez-moi la force . . .»

La porte s'ouvrit, livrant passage à un homme de taille moyenne, au vêtement gris et au visage pâle. Rien de commun avec le personnage qui, la nuit dernière, avait embrassé Marion dans la rue.

– Excusez-moi, dit l'homme, mais on vient de m'avertir que vous m'attendez depuis longtemps. Comme je n'ai pas l'honneur de vous connaître . . .

– Je suis Etienne Martin, murmura Etienne.

Le visage de Maxime Joubert s'éclaira dans un sourire :

– Par exemple! Je n'espérais pas faire votre connaissance avant ce soir . . . C'est votre mère qui vous envoie?

– Non.

– Elle n'est pas au courant de votre visite?

Maxime Joubert paraissait surpris. Comme Etienne continuait à se taire, il reprit sur un ton plus grave :

– Vous n'auriez pas dû venir. Votre mère se réjouissait de nous présenter l'un à l'autre, au cours de ce dîner.

La gorge d'Etienne *se desséchait*. Il prononça rudement :

– C'était nécessaire! Il fallait que je vous parle . . .

Et il plongea la main dans sa poche. La présence du revolver agit sur lui comme un rappel à l'ordre.

Maxime Joubert demanda :

– De quoi voulez-vous me parler?

– De vous, de ma mère, de moi.

– Je comprends, dit Maxime Joubert.

---

descendre (qn), tuer qn (pop.)
se dessécher, devenir sec

– Quelles sont vos intentions? prononça Etienne d'une voix sourde.

– Ma parole, dit Maxime Joubert, c'est un véritable *interrogatoire*. Eh bien, mes intentions sont fort simples. Je désire épouser votre mère. Je le lui ai fait savoir. Et elle m'a demandé d'attendre.

– Pourquoi?

– Parce qu'elle craignait votre réaction.

Etienne serra les dents avec dégoût. Pourquoi Marion avait-elle tant parlé de lui à cet homme? Après une courte pause, Maxime Joubert dit encore :

– Je me mets à votre place. Ayant vécu seul avec votre mère, pendant de longues années, il est normal que vous soyez irrité à la pensée du changement que ce mariage apporterait dans votre vie. Je suppose même que je dois vous paraître antipathique.

– Vous ne vous trompez pas, monsieur, balbutia Etienne.

Et il rougit de son insolence. Il n'aimait pas manquer de respect à quelqu'un de plus âgé que lui.

– Je vous remercie pour votre sincérité, répondit Maxime Joubert. Et j'espère que, peu à peu, vous changerez d'avis. Quand vous me connaîtrez mieux, vous comprendrez que vous avez eu tort de me traiter en ennemi.

– Je ne tiens pas à mieux vous connaître.

– Pourquoi? Sur bien des points, mes intérêts sont les vôtres.

– Le dîner de ce soir était donc destiné à me convaincre? Vous auriez parlé d'art et de philosophie pour me mettre en confiance . . .

---

interrogatoire, série de questions posées à un accusé

– J'aurais fait de mon mieux pour réaliser entre nous une *entente* que votre mère souhaite de tout cœur.

– Cette entente est impossible! s'écria Etienne. Je vous défends d'épouser ma mère!

Il y eut un silence. Maxime Joubert croisa ses mains et les posa sur le bord de la table. Un feu de colère brilla dans ses yeux.

– De quel droit, s'il vous plaît, prétendez-vous nous interdire de nous marier? dit-il d'une voix qui tremblait un peu.

Etienne perdit souffle. Rassemblant toute son énergie, il balbutia :

– Vous ne savez pas . . . Vous ne savez pas qui je suis, qui nous sommes . . .

– Si, dit Maxime Joubert. Vous êtes le fils de Louis Martin, qui a été exécuté pour *meurtre*

Stupéfait, Etienne chuchota :

– Elle vous l'a dit?

– Oui.

– Elle a osé vous le dire? . . .

Une rage folle l'envahit, lui tourna la tête.

– J'imagine ce qu'elle a pu vous raconter sur lui, dit-il avec violence. Mais, ce qui m'étonne, c'est de voir que, malgré cela, vous acceptez de *prendre* auprès d'elle *la succession* d'un assassin.

– En quoi votre mère est-elle responsable des crimes commis par son mari? Sa *malchance* me la rend encore plus chère.

– Quand a-t-elle eu de la malchance? gronda Etienne.

---

entente, accord
meurtre, le fait de tuer qn
prendre la succession, prendre la suite de qn
malchance, mauvaise chance

– Votre mère, dit Maxime Joubert, a vécu, à l'époque du procès, des journées terribles. Elle a lutté avec courage pour vous élever dignement, pour faire de vous un homme estimable, instruit . . . Et non pas, comme votre père . . .

– Je vous défends d'*insulter* mon père! cria Etienne.

– Vous n'avez rien de lui, dit Maxime Joubert froidement.

– Qu'en savez-vous? cria Etienne.

Il tira le revolver de sa poche. Maxime Joubert eut un mouvement de recul. Il devint pâle. Son regard devint fixe et dur.

– Que voulez-vous de moi? dit-il enfin.

– Je suis venu pour vous tuer, murmura Etienne.

– Qu'attendez-vous pour tirer? demanda Maxime Joubert tranquillement.

- Cela me regarde, dit Etienne. Je vous tuerai quand je voudrai.

– Je n'en doute pas, dit Maxime Joubert, mais permettez-moi de vous signaler que votre attitude *procède* d'un mauvais calcul. Je ne pense pas à moi en vous disant cela, mais à vous-même et à votre mère. Après ma mort, vous serez arrêté, jugé, condamné à la prison pour de longues années. Quant à votre mère, elle qui a tant souffert d'avoir pour mari un assassin, comment supportera-t-elle d'apprendre que son fils s'est, à son tour, rendu coupable d'un meurtre?

Etienne eut envie de tirer, mais le discours fascinant de Maxime Joubert le retint.

– En somme, la haine que vous éprouvez envers moi n'est motivée que par mon intention d'épouser votre

---

insulter, dire des choses désagréables
procéder, être la conséquence de qc

mère. Si cette intention n'existait plus, vous renoncerez à m'abattre?

– C'est ça, murmura Etienne. Oubliez ma mère, disparaissez, sinon . . .

D'un mouvement du poignet, il redressa l'arme.

– Comment lui annoncerai-je cette résolution? demanda Maxime Joubert.

Etienne sentait que sa décision *faiblissait* et que la

---

faiblir, être moins sûr

chance tournait en faveur de l'autre. Fatigué, il chuchota :

– Ecrivez une lettre de *rupture.* Dites-lui que vous ne viendrez pas dîner ce soir et que vous ne la reverrez jamais plus.

– Soit, dit Maxime Joubert. Dictez-la-moi. Elle cor-

rupture, le fait de casser qc; ici : décider de ne plus voir qn que l'on aime ou a aimé

respond si peu à mes sentiments que je suis incapable de l'écrire moi-même.

Etienne redressa la tête. Et, soudain, un mouvement violent arracha le revolver de sa main. Joubert ramassa vite l'arme tombée à terre et la glissa dans sa poche.

– Et voilà, dit-il. Maintenant, nous serons plus à l'aise pour parler.

Etienne était fou de colère. La honte, la haine secouaient ses nerfs. Il répétait :

– Salaud! Salaud! . . .

– Cette lettre, reprit Maxime Joubert, je vous l'ai promise. Donc, vous l'aurez. Mais je n'aime pas travailler sous la menace. Asseyez-vous et dictez. Allez! «Ma chère Marion . . .»

– «Ma chère Marion», répéta Etienne d'une voix faible.

Il avait de la peine à se tenir debout. Faisant un effort sur lui-même, il poursuivit :

– «Après mûre réflexion je préfère ne plus vous revoir . . . Ne vous étonnez donc pas si je ne parais pas au dîner de ce soir. Et surtout, n'essayez pas de me rencontrer à l'avenir . . .»

Il hésita une seconde. Chaque mot qu'il disait lui déchirait la gorge.

– Continuez, dit Maxime Joubert.

Etienne rougit et se sentit ridicule.

– «Tout est fini entre nous», prononça-t-il enfin. «Adieu, Marion. Pardonnez-moi . . .»

La voix d'Etienne se brisa. Il ne pouvait plus parler.

– C'est fini, dit Maxime Joubert. Je signe. Et, comme convenu, vous remettez cette lettre à votre mère.

Etienne baissa la tête et murmura :

– Laissez-moi partir! . . .

– Vous êtes libre, mais j'aimerais vous dire quelques mots . . .

– Je ne vous écouterai pas.

– Il s'agit de Louis Martin. Vous vous êtes bâti un rêve avec cette histoire d'*hérédité* criminelle. Vous avez cru que vous aviez les dispositions d'un assassin . . .

– Rendez-moi le revolver . . .

– Si je vous rendais le revolver, vous ne sauriez plus vous en servir. A votre place, Louis Martin n'aurait pas perdu de temps à m'expliquer les raisons de sa visite. Je serais mort avant même d'avoir pu lui demander son nom.

Etienne fit un pas vers la porte.

– Attendez! s'écria Maxime Joubert. Je voudrais vous parler encore... Votre mère m'a dit que vous vous passionniez pour la philosophie. Moi aussi. La philosophie est une science admirable. Pourtant, nulle philosophie ne saurait justifier, expliquer, les minutes que nous vivons ici, vous et moi.

Il sourit. Etienne détourna la tête et murmura :

– Ce que vous dites est idiot!

– Pas tant que ça! Je vous assure que, si la philosophie est l'étude de la vie, la vie n'est pas l'étude de la philosophie. D'ailleurs, sauf de rares exceptions, les philosophes ont vécu selon leur instinct bien plus que selon leur raison . . .

– Je vous hais, dit Etienne d'une voix basse.

– C'est dommage. Personnellement, je vous trouve plutôt sympathique.

---

hérédité, le fait d'avoir les mêmes dispositions que qn de sa famille

Etienne tourna sur ses *talons* et se dirigea vers la porte.

– Vous oubliez votre lettre, dit Maxime Joubert.

Etienne revint sur ses pas, prit l'enveloppe, et sortit de la pièce sans se retourner. Sur le *trottoir,* Etienne regarda sa montre qui marquait sept heures vingt. Il prit un taxi pour rentrer chez lui.

Questions

1. Expliquer la décision d'Etienne de ne pas assister au dîner avec Maxime Joubert?
2. Pourquoi Etienne souhaite-t-il agir comme il croit que son père l'aurait fait?
3. Pourquoi, une fois chez Maxime Joubert, Etienne n'éprouve-t-il plus vraiment l'envie de le tuer?
4. L'attitude de Maxime Joubert vis-à-vis d'Etienne vous inspire-t-elle le respect ou le mépris?
5. Quelle différence voyez-vous entre la façon dont Maxime Joubert parle à Etienne et celle dont M. Thuillier lui avait parlé?

---

talon, partie arrière du pied
trottoir, partie de la rue réservé aux gens qui vont à pied

10

Une odeur de poulet sortit de la cuisine, quand Marion ouvrit la porte.

– J'étais inquiète, dit-elle. Tu es parti sans me prévenir. Quelle heure est-il donc?

– Sept heures et demie, environ.

– Déjà! J'ai mis la table. Va voir s'il ne manque rien.

Elle regardait son fils avec curiosité. Après l'explication qu'ils avaient eue ensemble le matin, elle hésitait encore à le croire soumis.

– Ce sera un petit repas tout simple, dit-elle.

Etienne toucha, du bout des doigts, dans sa poche, la lettre de Maxime Joubert. La gorge serrée, il murmura :

– Oui, maman . . .

Mieux que des paroles, la vue de la table que Marion avait dressée dans la salle à manger le renseignait sur l'importance que sa mère attachait à la visite de Maxime Joubert.

– Tu *t'es donné bien du mal,* Marion, dit-il d'une voix sourde.

– Mais non. Si tu savais comme j'ai eu du plaisir à tout arranger! . . .

De nouveau, ses doigts tremblants caressèrent l'enveloppe dans sa poche. Une fois de plus, il avait dans sa possession de quoi détruire une vie. La victime était là, inconsciente du danger, heureuse d'être femme, sûre de plaire. «Et pourtant, il faut que j'agisse. Je suis allé trop loin. Je ne peux plus reculer.» Il se rappela les termes de la lettre : «Tout est fini entre nous . . .»

---

se donner du mal, faire des efforts

Chaque mot, destiné à blesser Marion, le blessait lui-même. Il se découvrait responsable d'une catastrophe sans nom. D'un geste furieux, il plongea la main dans sa poche et *froissa* la lettre. Coûte que coûte, il fallait que Maxime Joubert assistât au dîner de ce soir. «Lui téléphoner. Pas d'ici, bien sûr. Mais depuis le bistrot, à côté. Il me prendra pour un fou. Ça m'est égal. Il refusera peut-être? Non. Je saurai le convaincre . . .»

Il se précipita dans l'entrée.

– Où vas-tu, Etienne? demanda Marion.

Il hésita à répondre, puis dit faiblement :

– Acheter des cigarettes, maman.

– Ne sois pas trop long, mon chéri.

A bout de souffle, il sortit dans la rue, courut vers le bistrot. Etienne forma le numéro de Maxime Joubert, et attendit. A l'autre bout du fil, la voix de la femme de chambre demanda :

– Allô? Vous désirez?

– Je voudrais parler à M. Maxime Joubert, dit-il.

– Je vais voir si monsieur est encore là. C'est de la part de qui?

– De la part de M. Etienne Martin.

La femme de chambre partit et fut remplacée par un grand vide noir. Soudain, Etienne tressaillit, pris d'une grande joie. La voix de Maxime Joubert :

– Allô, Etienne?

Il ferma les yeux et balbutia :

– Oui.

– Que se passe-t-il?

– Je n'ai pas remis la lettre . . . Je n'ai pas pu . . .

Il y eut un silence.

---

froisser, faire de nombreux plis dans un papier

– Vous avez bien fait, dit enfin Maxime Joubert. J'avoue que j'attendais de vos nouvelles avec impatience . . .

– Vous saviez que je vous téléphonerais?

– Croyez-vous que je vous aurais donné cette lettre, si j'avais pu supposer, une seule seconde, que vous iriez jusqu'au bout de vos intentions?

Etienne eut un haut-le-corps :

– Vous vous êtes donc moqué de moi?

– Non. Je vous ai fait confiance.

Etienne ne répondit pas. Après ce qu'il avait vécu, toute révolte lui paraissait impossible.

– D'où me parlez-vous? reprit Maxime Joubert.

– D'un bistrot, dit Etienne.

Il hésita un peu et ajouta d'une voix basse :

– Je m'excuse. Maman n'est au courant de rien. Elle vous attend. Il faut que vous veniez.

– J'arrive, dit Maxime Joubert.

Etienne sortit du bistrot comme dans un rêve. Les nerfs rompus, il s'ouvrait à une impression de délivrance. Jusqu'au fond de son être, il sentait qu'il avait demandé à la vie plus que la vie ne pouvait donner. *L'essentiel,* à la fin de ce combat, était que Marion fût heureuse. De longues minutes passèrent, durant lesquelles il rêva de son avenir.

Tout à coup, il se dressa sur ses jambes. Une auto, noire et basse, venait de se ranger, près de sa maison. Maxime Joubert descendit de voiture et se dirigea vers la porte d'entrée. «Il sort de l'ascenseur. Il sonne à la porte. Elle ouvre. Elle tombe dans ses bras.» Un instant encore, Etienne regarda les maisons, le ciel,

---

l'essentiel, le plus important

les autos qui passaient dans l'avenue. Puis, sans hâte, il se dirigea, à son tour, vers la maison.

Devant la porte d'entrée, il éprouva une dernière fois l'envie de s'échapper, de fuir. Etienne n'était plus chez lui. Il rendait visite à sa mère. Oubliant qu'il avait une clé dans sa poche, il sonna. La porte s'ouvrit. Les lumières brillaient. Comme dans un rêve, Etienne vit Marion, qui s'avançait vers lui. Elle prit le bras de son fils et l'entraîna dans la salle à manger. Une main se tendit vers Etienne. Il la serra sans réfléchir. Une joie inattendue le frappa au cœur. Marion dit :

– Je vous présente : mon fils, M. Maxime Joubert.

Questions

1. Qu'est-ce qui décide Etienne à faire venir Maxime Joubert au dîner?
2. La réaction de Maxime Joubert au téléphone est-elle une surprise pour le lecteur?
3. Pourquoi, en rentrant, Etienne a-t-il l'impression de ne plus être chez lui?